哈佛商务指南系列⑦

时间管理

——高效率人士的成功利器

哈佛商学院出版公司 编

朱信凯 李艾明 译

商 务 印 书 馆

2012 年 · 北京

Time Management

Increase Your Personal Productivity and Effectiveness

图书在版编目(CIP)数据

时间管理——高效率人士的成功利器/哈佛商学院出版公司编;朱信凯,李艾明译.—北京:商务印书馆,2007(2012.6重印)
(哈佛商务指南系列)
ISBN 978-7-100-05451-5

Ⅰ.时… Ⅱ.①哈…②朱… ③李… Ⅲ.时间管理 Ⅳ.C935

中国版本图书馆CIP数据核字(2007)第044125号

时 间 管 理
——高效率人士的成功利器
哈佛商学院出版公司 编
朱信凯 李艾明 译

商 务 印 书 馆 出 版
(北京王府井大街36号 邮政编码 100710)
商 务 印 书 馆 发 行
北京瑞古冠中印刷厂印刷
ISBN 978-7-100-05451-5

2007年11月第1版 开本710×1000 1/16
2012年6月北京第3次印刷 印张13¼
定价:34.00元

商务印书馆—哈佛商学院出版公司经管图书翻译出版咨询委员会

（以姓氏笔画为序）

致中国读者

哈佛商学院经管图书简体中文版的出版使我十分高兴。2003年冬天，中国出版界朋友的到访，给我留下十分深刻的印象。当时，我们谈了许多，我向他们全面介绍了哈佛商学院和哈佛商学院出版公司，也安排他们去了我们的课堂。从与他们的交谈中，我了解到中国出版集团旗下的商务印书馆，是一个历史悠久、使命感很强的出版机构。后来，我从我的母亲那里了解到更多的情况。她告诉我，商务印书馆很有名，她在中学、大学里念过的书，大多都是由商务印书馆出版的。联想到与中国出版界朋友们的交流，我对商务印书馆产生了由衷的敬意，并为后来我们达成合作协议、成为战略合作伙伴而深感自豪。

哈佛商学院是一所具有高度使命感的商学院，以培养杰出商界领袖为宗旨。作为哈佛商学院的四大部门之一，哈佛商学院出版公司延续着哈佛商学院的使命，致力于改善管理实践。迄今，我们已出版了大量具有突破性管理理念的图书，我们的许多作者都是世界著名的职业经理人和学者，这些图书在美国乃至全球都已产生了重大影响。我相信这些优秀的管理图书，通过商务印书馆的翻译出版，也会服务于中国的职业经理人和中国的管理实践。

20 多年前，我结束了学生生涯，离开哈佛商学院的校园走向社会。哈佛商学院的出版物给了我很多知识和力量，对我的职业生涯产生过许多重要影响。我希望中国的读者也喜欢这些图书，并将从中获取的知识运用于自己的职业发展和管理实践。过去哈佛商学院的出版物曾给了我许多帮助，今天，作为哈佛商学院出版公司的首席执行官，我有一种更强烈的使命感，即出版更多更好的读物，以服务于包括中国读者在内的职业经理人。

在这么短的时间内，翻译出版这一系列图书，不是一件容易的事情。我对所有参与这项翻译出版工作的商务印书馆的工作人员，以及我们的译者，表示诚挚的谢意。没有他们的努力，这一切都是不可能的。

哈佛商学院出版公司总裁兼首席执行官

万 季 美

译　者　序

马克思曾经说过：一切节省，归根到底都是时间的节省。与此类似，古今中外有无数名言警句用各种方式说明时间的宝贵，告诫人们要珍惜时间。自古埃及时代人类开始对时间产生兴趣，人们通过测量时间并逐渐提高计量精度，不断强化对时间的认识，提高时间的利用效率。在计时器和电子日程表盛行的今天，我们日常的生活和工作时间安排已经精确到分甚至是秒。一夜暴富早已不再是传奇故事，一个人或者企业在眨眼之间轰然破产抑或起死回生的案例在今天的社会比比皆是。愈发激烈的竞争成为这个社会的主题，时间无疑是这场竞赛中最为残酷的操纵者，它既是冷眼旁观的裁判，也是如影随形的强大对手。

人类为了与时间赛跑，一直在努力探索和研究能够节省时间、提高效率的设备和技术，飞机的发明数以百倍地提高了交通运输的速度，而电子计算机和互联网的发展使得信息传递的效率得到了亿万倍的提升，在与时间的竞赛中，自然科学家们作出了伟大的贡献。然而人类并没有因此而在与时间的比拼中占据主动，随着单位时间效率的不断提高，人们却感觉到越来越忙碌，时间越来越不够用。主动地去对有限的时间资源进行控制和分配，即时间管理逐渐成为人类关注的重要课题。

恩格斯意识到：利用时间是一个极其高级的规律。对经济学家来说，时间的稀缺性是早已得到公认的重要事实。管理学者也认识到时间对于企业管理的重要意义。在运营管理中，时间被列为独立于人员、材料和设备等资源之外的项目核心要素。管理专家开发出 PERT（计划评审技术）和 CPM（关键线路法）等技术和方法来计划、使用和安排时间，最大限度地实现时间的价值。肯·齐格勒的《时间管理》、柯维和梅丽尔合著的《要事第一》、吉姆·斯特芬的《有效的时间管理》等一系列著作专门以时间管理为研究对象，针对个人和组织等不同层次，提供了时间管理的技巧、工具、思路和策略，更为重要的是，这些著作逐渐完善了时间管理的理论体系，使时间管理作为管理学的一个分支得到越来越多的重视。

关于时间的格言希望你从无所事事中摆脱出来，成为一个忙碌者。传统的时间管理著作告诉忙碌者如何利用时间管理的技巧和方法提高时间的使用效率，理查德·卢克所著的《时间管理》则希望通过系统的时间管理战略和方案，让你成为时间的主人，通过合理的计划实现对时间的整合和有效利用，最终促进目标的达成。

传统的时间管理理念通过提高效率、减少浪费，从而最终掌控自己的生活，它推崇更快捷、更努力、更机灵的方法，侧重于时间管理的技术层面。然而，会不会管理时间不是单纯地看工作时间内是否充满了各种工作，甚至不能仅仅以单位时间的工作效率作为衡量标准。有很多员工或管理人员，从早忙到晚，不但在工作时间之内充斥着各种工作，还在工作时间以外寻找时间继续工作。有些企业也是如此，忙碌永远是企业的主题，小跑和加班是企业不变的风景。然而无论是个人还是企业，他们并不一定能够获得与投入时间相当的收益，也不一定能在激烈的竞争中占得先机。高投入却不能换来高回报，高效率也并不意味着高收益，已经成为越来越多的个人和企业面临的困境。

理查德·卢克所著的《时间管理》一书，尝试从根本上改变这样的尴尬局面。本书作者提出“目标是时间管理的起点”这一理念，以此为基础，通过阐述目标、时间、行动的关系，提出时间管理的原则和方法。在作者看来，比速度更为重要的是前进的方向。只有确定合理的目标，并以目标为导向，才可能制订出合理的时间计划，根据时间表有序地开展既定的行动，实现目标项下的一系列任务，最终达成个人和组织的目标。在这样的原则指导下，提高效率、降低浪费不再是时间管理的最终目的，它们只是作为时间管理的手段和方式，帮助达成个人和团队的目标——当然也是时间管理的目标。目标、时间和行动被纳入一个统一的体系，相互影响，互相促进。

“目标—时间—行动”体系在战略层面解决了时间管理的根本问题——为什么进行时间管理？从而突破了传统的时间管理侧重于技术层面的局限性。同时，这一体系也将时间管理落脚在每个人、每一刻的行动，实现了战略与战术的有机结合。

时间管理的重要性已无须多言，但是如何有效地管理时间，尤其是对管理者来说，如何整合、利用有限的时间资源来促进实现个人和团队的目标，是企业和个人提高管理能力的重要内容。本书不仅从战略上阐述了时间管理的原则，也提供了具体的方法和技巧，并且提出了时间管理中一些有趣的、新鲜的话题，值得我们去关注、去思索。

➢目标的优先权

根据时间构成和重要程度的不同，目标可以有多种不同的分类。作者将时间管理中的目标划分为关键目标、使能目标和最好具备目标，对这三种目标分别赋予不同的优先权。这一分类明确区分了不同目标的重要程度，使我们能够对个人或者企业庞大、复杂的目标体系进行快速、有效地分解，为制定相应的时间计划奠定基础。

➢“紧急”和“重要”的两难选择

区分“紧急任务”和“重要任务”对于时间管理意义重大，然而实际的情况是，我们在大多数时候都把“紧急”理所当然地视为“重要”，并因此浪费了大量的时间。本书告诉我们如何通过与目标的对比区别“紧急任务”和“重要任务”，尽管缺乏更为细致的实际操作方法，但是仅仅是提醒我们对这一困境保持警惕，已经足以使我们的时间管理更加理智。

➢浪费时间的上司

浪费时间的上司是我们之前很少讨论的话题。可能我们没有在意上司是不是浪费时间，因为大多数时候我们会认为上司是正确的，也有可能我们都已经注意到了上司的坏习惯，但出于众所周知的原因，而选择小心地回避这一话题。本书第六章详细描述了浪费时间的上司常见的表现：对目标的疑惑、没有清楚的方向、没有意义的会议等。针对不同的问题，作者提出了合理的解决方案。这一章无论对于公司的基层员工还是管理者而言，都具有十分现实的指导意义。

➢公司可以提供的帮助

本书第八章讲述了公司在时间管理方面能够做的一些事情，这些事情可以帮助员工在工作和生活中有效地管理他们的时间。这些方法包括：通过采用新的技术，避免做长距离的旅行；注重演示时间的控制；制订促进工作与生活之间平衡的计划等。尽管时间管理是个人的责任，上述这些制度上的安排可以帮助人们更成功地管理自己的时间。公司应该而且能够帮助达成这样的目标。

➢有效的工具

本书的最后部分包括一些可以提高人们时间管理技能的内容。附录 A 收录了许多有助于提高时间管理效率的工具；附录 B 解释了工作分解结构（WBS）的用处，经理人可以使用 WBS 将高级别的目标分解为易于管理的任务，这一方法同样适用于时间管理；附录 C 是有效的会议管理的入门指导。尽管作者将这些内容列入附录，但是它们是将抽象的时间管理理念真正落到实处的有效手段。通过阅读本书，时间管理的理念可能已经深深刻入你的大脑之中了，接下来，你需要行动起来，运用好书后提供的这些工具和方法，这样，你才能真正成为时间的主人。

朱信凯　李艾明

于中国人民大学

2007 年 7 月

目　录

目 录

时间管理

序 言

序　言

艾琳(Irene)抬起头，看到她的同事们正在整理东西准备回家。已经是下午五点了，以现在的进展速度，她需要在办公室里工作到深夜。看着自己的任务清单，她沮丧地叹了口气。还有三项“必须完成”的任务没做。这一整天她都做了些什么，为什么还没有开始这几项工作呢？

回顾一整天的工作。上午，她与下属托尼(Tony)讨论他的月度报告；午餐时间，她回复了20多封电子邮件；整个下午的时间，她都花在一个本可以由别人来处理的客户服务请求上。“但是我不相信其他任何人能处理好这件事”，她对自己说。

如果她无法完成那些真正需要完成的任务，那么整个任务清单和详细计划的要点是什么呢？

花上一两分钟来思考你一天的工作，是不是与艾琳的相似呢？你能够完成所有希望完成的事情吗？或者你是否需要把今天任务清单上的许多重要任务转到明天呢？你是不是会觉得手忙脚乱呢？你的下属怎么样呢？他们是不是能够完成所有的任务，或者他们也会觉得时间紧迫？

如果对这些问题的答案是肯定的，那么你正面临着时间危机。要么你在有限的时间里有太多的工作；要么你没有有效地利用时间。无论是哪种情况，你在时间管理(time management)上都存在问题，而且这个问题会让你的职业生涯缺乏应有的满足感和成功，只会感受到更大的压力。

时间是一种非同一般的资产，无论是对王子还是乞丐，它所赋予的价值都是完全平等的。每一天都有 24 小时，不多也不少。无论如何重视时间，我们都没有办法储存它，让它慢下来，或者当我们准备用的时候将它取出来。正如谚语所说："时间不等人"。时间也是一种消耗性资产。它不断地流逝，没有任何力量能够补充时间的供应。我们能做到的只是充分利用它。就像本杰明·富兰克林(Benjamin Franklin)所说的："你热爱生命吗？那么不要浪费时间，因为时间就是制造生命的原料。"

人们采用很多手段来节省时间。事实上，有很大一部分人类活动都致力于寻找用更少的时间完成更多事情的方法。因此，我们设法减少从波士顿到伦敦的旅行时间，将从海上航行所需的数个星期削减到乘坐喷气式飞机的八个小时。我们让工作场所中充满高速计算机和令人眩目的快速装配线，总之，人们集中精力去减少做任何事情的时间。在家里，我们周围有用于快速烹调的微波炉、可加热的快餐、电子邮件以及即时通讯工具。

但是，无论我们如何努力让事情进展更快，还是有很多人发现时间不够用。形成鲜明反差的是，我们花了很大一部分时间努力工作，以便购置各种节省时间的设备，比如能够加速到 110 英里/小时的汽车，而这辆汽车大部分时间却只能以 20-30 英里/小时的速度颠簸。早在 18 世纪中期，亨利·戴维·索罗(Henry David

Thoreau)就注意到这种奇特的现象,宣称他走完马萨诸塞(Massachusetts)Concord 到 Fitchburg 镇之间 30 英里的路程——同时享受一次乡村漫游——所花的时间少于弥补火车旅行费用所需的时间。

人类开始对时间和它的流逝产生强烈的兴趣至少始于古埃及时代。远古人类注意到以恒星为背景的太阳有规律的运行,并用太阳的运动作为划分年度的界限。中美洲的玛雅牧师们更是特别关注时间。他们精确地计算日复一日、年复一年时间的流逝,用这些知识调节农业生产和日常生活中的仪式。

直到最近,对时间概念的整理让人们意识到它的重要性。四季和太阳活动周期的分隔点——至日(夏至和冬至)和昼夜平分日(春分和秋分)作为测量时间的方法为人们所重视。以前,人们对于给定的任何一天时间的计量都是不精确的。历史学家丹尼尔·布尔斯廷(Daniel Boorstin)在他的一本书《发现者》(*The Discoverers*)中提到了:公元前四世纪古罗马人如何将一天分成两个部分——午前(a. m. , ante meridian)和午后(p. m. , post meridian)。我们至今都在沿用这种划分方式——午前和午后。这种对于时间粗略的划分方法很明显仅仅适用于当时的时代和生活节奏。最终,人们用日晷和滴漏来记录时间。[1]

起源于中世纪欧洲的机械时钟技术让时间的计量变得更加准确。到了 15 世纪,他们已经利用这种技术通过鸣钟的方式来报时。对于大多数人来说,仅仅知道小时已经足够,精确地掌握时间并没有什么意义。没有人会说:“我必须在明天上午 10 点 45 分将小麦送到磨坊主那里去,并且需要在下午 1 点 35 分在鱼塘边与斯文(Sven)见面。"由于生活并不需要安排到如此精确的状态,分、秒在那个时候没有太大的作用。

现在时代不同了。在日程工作计划和个人数字助理(PDA)日程表盛行的时代,我们的工作时间安排已经以15分钟为一个间隔。我们只有很少的时间去做某一件事情,并且几乎没有什么空闲。同18、19世纪的祖先们相比,现在的生活已经有了很大的不同。那时,他们只有很少的节省劳力的设备,并且他们总能找到时间去教堂听两个小时的布道、写日记、建造自己的住宅、制作漂亮的棉被以及从事民间艺术——这往往需要花费数百小时。

詹姆斯·格雷克(James Gleick)那本有趣的书——《更快:所有事情都在加速》(*Faster: The Acceleration of Just About Everything*)对我们这种受速度驱动的文化进行了深入的探讨,并对实际完成时间、循环周期、毫微秒、省时技术造成的困扰,以及人们在时间管理方面所面临的问题给予了高度的关注。他提出这样的问题:"我们能够经受过度的紧张吗?"该书还描述了因为对"匆忙症"的治疗而逐渐兴起的小产业:思维-身体工作室、压力控制研讨会以及日益普及的冥想。[2]

在商业领域,学者小乔治·史塔克(George Stalk Jr.)和托马斯·豪特(Thomas Hout)写了一本颇有影响力的书——《与时间竞争》(*Competing Against Time*)。这本书告诉经理人:在战略层面上,对客户反馈的回复速度、新产品的研发速度和内部运转的速度与资金、多元化、质量和创新是同等重要的。"以时间为基础的竞争者",他们写道:"正在以比呆板的竞争对手更低的成本和更少的时间提供各种各样的产品和服务。通过这种方法,他们已经遥遥领先于竞争对手了。”[3]

时间在军事上同样具有巨大的作用。指挥官经常谈起“打进敌军的决策圈”的重要性。在一般解释中,这句话的意思就是:如果你能一边收集、处理信息,作出决定并且采取行动,一边试图同时去了解战场的状况,那么你将永远掌握战场的主动权。

本书的主题——时间管理,是对有限的时间资源进行控制和分配的一种有意识的尝试。时间和速度问题在工作中是最为常见的,它们对于经理人、专业技术人员以及管理者生活的侵入,已经使得时间管理研讨会、日程工作计划、个人数字助理以及行程安排软件成长为独立的小型产业了。有效的时间管理有很多好处,包括减少对时间的浪费、工作负荷的整合以及高水准的单位人工效率。也许更为重要的是,时间管理能够使最重要的任务得以顺利完成。

现代管理生活的疯狂节奏,使得工作时间管理变得很重要。在管理经典文章中,管理学家亨利·明茨伯格(Henry Mintzberg)这样说道:“持续的研究表明经理人始终处在紧张的工作状态中。他们的行为活动表现出简短、多样性和不连续的特征,他们几乎都是结果导向的,而且不喜欢沉思。”[4]经理人们完全没有时间坐下来,静静地想一想未来的打算。相反,他们基本上时时刻刻都在打电话、参加会议、处理各种各样的问题。明茨伯格所描述的这种不连续、匆忙和没有计划的生活比明确规划的生活更为消极,且更具有自发性。这在一定程度上解释了:为什么经理人一直承受着从来就没有足够的时间做好工作的压力和抱怨？

如果我们不改进管理系统，事情是不会出现好转的。和其他的经理人相比，首席执行官（CEO）的时间分配显得更加不连续。明茨伯格发现，通常CEO会在不同的相关利益者中这样分配他（她）的时间：

董事	7%
其他公司CEO	16%
客户、供应商和合作者	20%
无关人员和其他人员	8%
下属	48%

与以上的时间分配情况比较，你的工作时间是如何分配的呢？下面的情形你是不是很熟悉？三个冗长的会议——其中一个完全是在浪费时间；至少有十多个电话打进来；已经准备好和老板的工作午餐，却在最后几分钟接到取消的通知（“我们下周二再谈吧”）；还有两个报告没有完成；正在努力准备即将来临的面向高级管理层的汇报演讲；对两个发生冲突的雇员的处理意见举棋不定；已经到了开始作下一年度预算的时候。如果以上的情形跟你某一天的工作情形有些类似，那么你的状态与其他大部分经理人都差不多——工作时间被会议、断断续续的活动、干扰、需要解决的小规模危机以及需要开发的商业机会所填满。你几乎没有时间去思考、计划或者憧憬自己想要的未来。

“每天只有24个小时”——如果这不再是事实，处理这么多的任务就不会成为问题。实际上，对经理人来说，找到足够的时间去做好所有的工作就是他们所面临的最大挑战。同样，如果普通职员对于自己的业务有更大的处理权，他们也会面临相同的挑战。

时间压力和创造力
对于任何一个想要达成目标的创造性个体和团队来说，时间都是必不可少的要素之一。但是他们需要多少时间？时间的压力能够增强还是削弱创造力？对于那些努力尝试以有限的资源来实现组织目标的经理人而言，这些问题是十分重要的。 学术界长久以来一直在对时间压力和创造力的关系进行研究。大体上来看，这些研究指出：二者之间存在着曲线关系——也就是说，在达到某一特定点之前，时间压力可以提升创造力；但是一旦超过这一特定点，压力就会产生相反的作用。学者特雷莎·阿马比尔（Teresa Amabile）、康斯坦丝·哈德利（Constance Hadley）和史蒂文·克雷默（Steven Kramer）曾经得出令人吃惊的结论。他们指出：在有些情况下，极度的时间压力可以促进创造力的产生——就像很多经理相信或者期望的那样。例如，美国国家航空航天局（NASA）的工作小组在时间极其紧迫的情况下，对阿波罗 13 号（Apollo 13）的空气过滤系统进行了粗略但有效的修复，通过一个创造性的解决方案挽救了工作任务和工作人员。另一方面，这些研究者也指出：贝尔试验室的研究团队没有受到任何的压力，但他们仍然成功地发明了晶体管和激光。 通过对 9 000 多条日常记录——关于从事需要高度创造力工作的人——的研究，阿马比尔等人得出这样的结论：时间压力在通常情况下会扼杀创造性。“我们的研究显示：在特定的某一天，人们越是感觉到更大的时间压力，他们就越不愿意进行创造性的思考”，他们这样写道。他们的结论对于公司和经理来说是个不好的消息，但这并不是失

败的原因。这些研究人员注意到：时间压力对于创造力的影响，取决于周围环境是否允许人们专注于他们的工作，是否能让人们感觉到任务的紧急性，以及是否会通过其他方式提升或者降低人们的创造性等条件。比如，当人们像 NASA 的工作人员一样，坚信自己肩负着一项重要使命的时候，时间压力不会扼杀创造力。从另一方面来看，如果人们认为自己正在从事单调、无聊的工作，比如说，当人们认为自己的工作不重要，或者当他们的工作被高度分散化的时候（一个典型的经理人的处境），高度的时间压力就会抑制创造性的思维。

资料来源：Teresa Amabile, Constance Hadley, and Steven Karmer, "Creativity Under the Gun," Harvard Business Review, August 2002, 56.

本书将帮助你最大限度地利用自己的时间，并由此提升个人效率和工作有效性。你将学会判断哪些工作是最重要的，哪些是最不重要的，并且根据优先程度进行处理。你将学会辨识高效和有效的区别。你还会发现如何才能将时间集中在最为关键的工作上，从而避免时间浪费。

时间管理就是对每周可以利用的 168 个小时的时间的控制法则。管理时间可以让你清楚地感受到你在职业生涯和个人生活中的价值，并且能够帮助你合理地分配你的努力。掌握时间管理将会帮助你实现时间紧迫与完成目标之间的平衡。这种平衡可以避免精力透支和减缓压力，让你在工作和生活中都能保持高效率。

写在前面

本书关于时间管理的内容包括八章和一些附录。前三章内容关注于方法。第一章主要阐述工作目标——时间管理的起点。如果可以很好地确定目标,并且对目标的优先程度进行合理的分级,你就能够获得一个良好的开始。第二章将会帮助你了解自己支配时间的习惯。同家庭预算一样,如果不了解自己花费时间的习惯,你将很难有效地管理时间。第三章,"制定你的时间表",自然的引出对方法的讨论。它将帮助你编制大多数的日程工作计划、组织表、个人电脑系统以及任务清单。

接下来的三章阐述了在工作中经常遇到的时间管理方面的挑战。第四章描述了当前组织生活中的时间"掠夺者":拖延、旅行、会议、过多的电子邮件等等。在这一章中,你将学习到一些基本的技巧,用来保护时间不被上述事情所占用。第五章是将工作委派给其他人的基本方法。对于经理人和管理者来说,不能将工作进行委派会带来巨大的时间问题;相反,有效地分配工作将会解放出大量的时间,用于计划、培训以及其他管理工作。第六章阐述了一个敏感的问题:一个浪费时间的上司。老板和上司应该通过下属的工作完成任务、实现目标,但是有一些上司在不经意间就失败了,原因在于:他们要么对下属下达了不清楚的指示,要么在工作流程中起到了阻碍作用等等,从而浪费了下属的时间。本章将会帮助你去应付一个浪费时间的上司。

你是否陷入了时间陷阱？一项自我测试
➢ 当你进入电梯的时候，你是不是会选择自己按下“关门”键，而不是等着电梯自动关上门？ ➢ 你是不是经常将手表和时钟调整为标准时间？ ➢ 外卖食品和可加热的快餐是不是占到了晚餐的30%以上？ ➢ 在工作中，你是不是会感觉正处于“多任务”状态（比如当一位同事在工作小组作汇报演讲时，你正在浏览其他的报告）？ ➢ 你是不是因为太忙，以至于只有在午间散步的时候，才会想到自己需要保持体重和健康？ ➢ 你是不是一边工作或打电话，一边在办公桌旁吃午饭？ ➢ 你是不是一边开车，一边吃东西？ ➢ 如果有人通知你，你的父亲由于胸部疼痛进了医院，你第一个想法应该是他的健康状况并立即去看望他。你的第二个想法是不是这件事情对你的日程计划将会造成什么样的混乱？ 如果你对上述任何一个问题的回答是“是”的话，可以得出这样的结论：时间控制了你的生活。其他的自我分析测试，请登陆富兰克林科维（The Franklin Covey）网站，运用其中提供的时间评价矩阵来测试（http://www.franklincovey.com/lifematters/index.html）。

第七章阐述了个人时间的管理。如果同其他很多人一样，你也会因为家务琐事、公民义务、家庭问题以及人际关系等等，在家里的时候跟在工作的时候同样感到时间紧迫。有幸的是，你可以参考本书前面所讲的方法来管理个人时间。本章将告诉你如何应用它们。

最后,第八章讲述了公司能够做的一些事情,这些事情可以帮助员工在工作和生活中有效地管理时间。这些方法包括:通过采用新的技术,避免长距离的旅行以节省时间。其他的技术还包括:可以促进工作-生活平衡的计划以及时间管理培训等。尽管时间管理是个人的责任,上述这些制度上的安排可以帮助人们更成功地管理时间。公司能够促进实现这样的效果。

本书的最后部分包括一些可以提高你的时间管理技能的内容:

- 附录 A 包括很多可以让你在时间管理上更为有效的工具。所有的这些工具表格都改编自《哈佛管理培训》(*Harvard Management Mentor*),这是哈佛商学院的一种在线出版物。
- 附录 B 解释了工作分解结构法(WBS)的用处。经理人用 WBS 将高级别的目标分解为易于管理的任务。这个方法同样适用于时间管理。看看这个方法对你是不是有效。
- 附录 C 是有效的会议管理的入门指导。会议在现代的非制造性工作中占有非常大的比例,不管是会议的领导者还是参加者,都需要了解如何更好地开会。这是在工作中有效利用时间的最优途径之一。
- 术语表定义了一些时间管理方面的专用名词。如果你看到一个斜体印刷的新名词,你一定能在术语表中找到相应的解释。
- "参考资料"列举了一些可以为本书各章节中的观点提供更

详尽解释的书籍和文章。如果你想了解更多本书中列举的话题的内容,这些资源可以帮助你。

本书的内容引用了很多由哈佛商学院出版社出版的书籍、文章以及在线出版物,尤其是《哈佛商业评论》(*Harvard Business Review*)和《哈佛管理培训》中的时间管理模块。附录 A,“有效的实施工具”包括从这个模块中改编的工作表。读者可以通过《哈佛商务指南》(Harvard Business Essentials)的网站www. elearning. hbsp. org/businesstools免费使用这些工作表、清单以及互动工具。

本书同样引用了很多其他的出版物。特别感谢人力资源专家苏珊·阿尔维(Susan Alvey),她在通用的时间管理培训方面提出了自己独到的见解。

时间管理

1 以目标为向导

1 以目标为向导
——提升个人有效性的指南

本章要点

- 目标的功能
- 关键目标、使能目标与最好具备目标
- 协调各个层次的目标
- 区分优先目标
- 克服"紧急"与"重要"的两难处境
- 如何将目标分解为可完成的任务
- 为你的下属和团队确立目标

目标是有效时间管理的起点。它们就像是指南针，指向你应该集中时间去做的事情。如果认清目标，你将会知道对于每一天、每一周和每个月来说，完成什么是最重要的。在指导时间管理方面，目标有助于你确定所有必须完成的事情的优先程度。

本章将帮助你设定目标，并根据优先程度对目标进行合适的分类。本章还将涉及以下棘手的问题，即如何区分什么是紧急事情、什么是重要事情。如果不是特别小心，你会花大多数的时间在那些必须当天完成的活动上，尽管这些活动对于促进目标的实现几乎没有帮助。最后，本章将会说明如何将目标分解为具体的任务。[1]

目标设定

目标设定(Goal Setting)是一个确定所期望实现的结果的正式过程。当设定目标的时候，你就对这些结果作出了承诺，不管你是亲自去完成还是通过团队去实现。通过设定目标并评价目标的完成情况，你能够做到：

- 集中于最重要的事情；
- 为团队提供一个一致的方向；
- 在不重要的任务上投入更少的精力；
- 避免浪费时间；
- 激励自己；
- 促进全面的工作满意。

根据时间构成和重要程度的不同，目标也有所区别。有些目标是短期的，有些则需要数月或者数年才能实现。根据重要性的不同，目标一般被划分为三种类别：个人目标、工作团队目标和公司整体目标。这三种目标都包括关键目标、使能目标和最好具备目标。

关键目标

关键目标(critical goal)对于成功至关重要。关键目标必须达成,以保证你的公司或者团队能够持续成功运转。例如,对于一位工程项目经理来说,关键目标是在预定的时间和预算内完成一项历时两年的项目;而对于一家高科技创业企业来说,关键目标可能是按照主要投资者的要求在一定时间期限内实现赢利。这些关键目标也就是最终目的。

使能目标

使能目标(enabling goal)能够更好地创造理想的商业环境或者更好地利用商业机遇。使能目标十分重要,但它只能满足长期需求,不能解决眼前的问题。在某种意义上,使能目标的作用在于促进关键目标的实现,它们是支撑我们通向最终目的的桥梁而非最终目的本身。下面举例来说:

> 作为一家生活消费品制造企业的产品开发负责人,卡尔文(Calvin)的目标是持续开发出一系列成功的能够带来赢利的新产品。经过其上司——首席运营官的同意,卡尔文计划让最近五年推出的新产品实现公司30%的年收入。这是一个关键目标。作为一名有经验的研发专家,卡尔文知道所有的设计、市场调研和协调工作都需要转化为稳定的让消费者满

意的产品流。

卡尔文也非常清楚管理的第一准则:管理者必须依靠其他人来完成工作。因此,他将大量时间(超过50%)花费在那些能够使团队更加有效工作的事情上:培训、募集参加各种科研会议的经费、尽量留住最好的员工、拜访公司产品的关键用户等等。"我没法总是将这些活动直接转化为账面上的成果",他说:"但是我深深知道这些对我们的使命是有意义的。"

卡尔文说到的正是使能目标。对于一家公司来说,使能目标可能是发展和执行一个有效的绩效改进系统。一个团队的使能目标可能是获得更大的工作场所,以使工作更加有效。对于一个项目负责人来说,招募到五名顶尖的成员进入项目团队,可能会是重要的使能目标。在这种情况下,项目的最终目的就是关键目标;招募有能力的人加入项目团队本身不是关键目标,却能够促进关键目标的实现。

最好具备目标

最好具备目标(nice-to-have goal)能够实现某些改进,使业务得以增强。它们通常能够使行动更加迅速和轻松,或者更加令人愉快,例如,一种新的更易于填写的费用报告表、一份更吸引人的自助餐厅菜谱或者一种经过改良的用于公司停车场的除雪设施。这些目标最好具备,但却不会对组织及其财务结果构成多大的压力。

目 标 的 协 调

管理者需要创建一个以公司目标为统帅、逐级分解的目标体系。其顺序是:团队目标支撑公司目标,个人目标支撑团队目标。这三个层次的目标,即公司目标、团队目标和个人目标需要相互协调,并与员工进行沟通,使得每一位员工能够在不被提示的情况下说出:"我们公司的目标是____,我们部门的目标是____,在这个过程中,我自己需要实现的目标是____。"在其重要著作《协调》(*Alignment*)一书中,乔治·拉博维茨(George Labovitz)和维克托·罗桑斯基(Victor Rosansky)这样描述:

> 设想在这样一个组织工作,从高层管理者到新员工,所有成员都怀着对于公司目标和宗旨的共同理解。设想在这样一个部门工作,每一个成员知道如何为公司的经营战略贡献自己的力量。设想在这样一个团队工作,每一个成员都很清楚公司顾客的需求以及这个团队应该如何努力去满足他们的需求。[2]

这些听起来是不是很牵强?这是不是一种只在原则上听起来很好,但在实践中却不可能实现的理想?当然不是。伟大的公司都有清晰的目标,并且明确了每一位员工为实现这一目标应作出的贡献。举例来说,西南航空公司的员工——从飞行员到乘务员再到行李处理人员——都知道:如果飞机停在地面,就永远也挣不到钱。所有员工的目标就是让西南航空的飞机尽可能迅速而且安全地卸货、重新装货，然后飞向天空。每个人都清楚如何去为更高的目标作出贡献。

现在考虑你的公司。管理者对于公司最高目标的定义是否清晰？是否能够清楚地将这一目标传递给员工？如果你是经理，你是否能够有效地向你的团队及其所有成员传达目标？是不是每一个人都理解了公司的目标、获取竞争优势的战略以及他（或她）在这一宏伟计划中的角色？你至少应该记住：如果你在和员工阐述、沟通目标的工作上做得很好，他们就会处于良好的工作状态之中，在工作中取得最大的成绩。

用一点时间来考虑你个人的工作岗位目标以及你的团队和下属的目标。可能的情形是，你的工作岗位目标已经通过正式的职位说明书予以确定。如果你缺乏一个最新的职位说明书，你和上司需要通过评估你最近的业绩来对未来的目标达成共识。如果你既没有工作说明书，也没有和上司坐下来讨论这个问题，那么他应该就此感到羞愧。作为上司，其责任就在于：处理好下属提交的每一份报告，以便设定相关目标。

如果你的上司忽视了这个问题，应该向他强调这件事情。争取举行一次讨论你的年度和半年目标的会议，对于什么是关键目标、什么是使能目标以及什么仅仅是最好具备目标达成一致。对这些目标的一致理解是必要的。不要只停留在对你应该完成什么的模糊思考上。要成为行动的有效指导，目标应该具备下面这些特征：

➢**明确的书面条款**。避免目标的模糊性，含糊不清将会使时间管理问题复杂化。

- **时间期限**。你的目标需要在周末还是在年末实现？
- **可度量性**。如果你不能衡量目标实现的进程，即使已经实现目标你也无法知道。
- **重要性**。你确定的目标应该能够实现你和组织重视的价值。
- **与组织战略统一**。团队目标应该支撑组织目标，个人目标也应支撑团队目标。
- **具有挑战性但可以实现**。目标应该促使你努力并能够完成。

还要记住，对你有益的东西对下属同样有益，他们也应有关键目标和使能目标。这些目标同样应该具有以上列举的每一项特征：书面条款、时间期限、可量度性等等。当组织正处于变革状态，或者某一下属正处于事业发展的快速成长阶段时，目标尤其重要。

像处理和你的上司的关系一样，对下属的目标进行讨论并达成一致的最佳时机是定期的绩效评价会议。下属们会十分积极地参加这些会议，重要的是要让他们成为目标设置过程的一部分。毕竟，无论选择什么样的目标，他们都将是努力实现这一目标的人。当你设法在今后半年或一年的目标设定上说服下属时，你应该确信他们：(1)有能力去承担新的目标；(2)理解这些目标的细节和重要性。此时，还需要根据每个人的技能情况，制订发展计划(训练、培训等)，以帮助员工获得必需的能力。

定期回顾目标
在向目标前进的过程中，应该定期回顾并评价你的目标。 它们是否仍然现实？ 它们是否仍然具备及时性？ 它们是否仍然具备相关性？ 如果组织或者外部环境发生了变化，即使达到目标也不再能创造价值，调整目标就是适当的，而且是真正重要的。问问自己：“如果我撤销这一目标，会有人在意吗？”另一方面，不要仅仅因为人员的变动或者进度的偏离等障碍就改变目标。当你需要改变目标的时候，在确信获得你的团队、上司和其他相关团体的支持后再开始进行。

整 理 目 标

你能清晰明确地说出目标吗？哪些是关键目标？哪些是使能目标？哪些仅仅是最好具备目标？用表 1-1 所提供的工作表的格式制作一份目标清单。在表 1-1 中记录了一家零售店的所有者—经营者一年的目标(表 A-2 是该表格的空白形式)。按照关键目标、使能目标和最好具备目标来确定目标的优先次序。

然后，用一两分钟来思考一下过去几天的工作内容。哪些目标支配了你的时间？是关键目标、最好具备目标，还是大多数时间都花在了对别人来说是关键的，然而对你来说毫不重要的活动上？如果你和大多数人一样，你会发现在通向关键目标和使能目标的进程中，填满了那些无关紧要的事情。

表 1-1 区分目标的优先次序

目标	优先权	说明
在合适的条件下获得 $500 000 的外部融资	关键目标	这是新建第二家店的关键，公司的成长需要开发新产品
达到全年经营收入 $6 000 000 和税后利润 $700 000	关键目标	在四年之内完成
培养戴维（David）使他能够接管 1 号店的经营	使能目标	在未来一年内，直到戴维有能力接管 1 号店，我才能开张第二家店
发展低成本和准时制供应链	使能目标	能够有效地将商品成本和存货成本每年降低 $60 000
在不显著增加成本的前提下改善健康补助金计划	最好具备目标	我们的健康补助金仅仅只能与其他地区零售商的竞争力持平
改进会计系统	最好具备目标	一个更好的系统可以节约时间并为决策和控制提供更及时的信息
开发一个电子商务站点	使能目标	在不增加店面空间的前提下提高销售额的最佳选择

“紧急”和“重要”的两难选择

在使人们的时间分配产生混乱的事情中，大家都会面临一种困境：紧急事件问题。顾名思义，紧急事件需要立即关注或采取行动。但是并非所有的关键目标都是急迫的，也不是所有的紧急事件都会危害成功。事实上，大多数关键目标都是长期而非紧急的。海伦（Helen）的关键目标是建立一个退休养老储蓄基金，她有 21 年去做这件事情。罗伯特（Roberto）的意向是为他的事业拓展获得$500 000的外部融资（“缺乏这些资金我将没法开设第二家店”）。但是罗伯特并不需要即刻获得这笔钱，在找到用于扩张的资金之前，他可以在目前的水平下继续经营自己的事业。波利(Polly)下定决心要在预定的时间进度和预算范围内完成她们团队的大型工程（“上司和我同意将其作为这一年的最优先目标”）。尽管在此之前波利还有许多重要的任务必须完成，但离首要目标完成的日期还有两个月的时间，因而不能定义为紧急。

不幸的是，日常却紧急的任务挤占了我们本应分配于实现关键目标的时间和资源。只要我们的关键目标是长期的，也就是说，我们不需要立刻去实现这一目标，那么这种情况很容易发生。你可能会说：“我有六个月时间去完成它，所以我需要即刻去完成这些讨厌的、不重要的任务。”请考虑以下这些例子：

- 海伦的计划是每个月往她的退休基金存入$1 000，但是她的汽车引擎需要马上进行维修，这将耗尽她整个月的退休基金。她劝说自己：“如果我能够负担得起，我会设法在下个月双倍储蓄来补偿。”
- 罗伯特知道，为了他的事业拓展——关键目标，他应该与那些能给他引荐投资者的人建立联系。按照预定日程，周二有本地企业家的午宴，周五会有商务早餐会，这些都是建立联系的极佳地点。但是他这周没有时间去联络（“我必须向政府报税，还要同一个承包人商谈改造零售店空间的事情”）。
- 波利将会有许多天不能和她的工程小组会面，因为CEO请她去参加人力资源部关于员工发展的研讨会，这个会议将持续一整天。上司赞赏她在帮助下属发展职业生涯上取得的成功，并且相信她会在研讨会上作出贡献。波利还有一个到了最终期限的月度报告需要处理。工程小组会议将不得不等待以后的时间。

可以看到，在海伦、罗伯特和波利的这些紧急任务中，没有任何一项与关键目标有任何关系。海伦的汽车问题很重要，她需要交通工具。但是建立一个退休储蓄基金是优先级别更高的目标。类似的，罗伯特需要按时报税，否则，他将面临一笔滞纳金。但是，无论是按时报税还是与改造承包人会面，都不可能让他距离找到投资人的目标更近。对波利来说，参加研讨会和按时完成月度报告可能列在其他人的重要事项清单上，但并不是她自己的。与按照时间进度和预算安排完成大型工程相比，参加研讨会根本就是无足轻重的。

一定数量的紧急而非重要的活动是无法回避的。其他部门的同事极力请求你去帮助她完成工作。你的老板坚持让你停止其他事情，要求你必须"在今天下午四点以前将一份公司在西南地区的关键客户清单放到我的桌上"。会计部门弄丢了你最近递交的费用报告的收据，他们在电子邮件这样说："请与宾馆和租车代理处联系寻找收据的副本。"会计部门的问题对你来说不是需要优先考虑的事情，但是你希望能够报销费用。税务局给你发来一封保密信函，声称你 2003 年的所得税申报表正在被调查（"你必须在 5 月 21 日中午之前与我们的调查员联系，以对此通知作出回应"）。

从你的角度来说,这些事情只是在浪费时间,它们消耗时间却不能让你离目标更近,然而对此你别无选择。

这一周你面临了哪些紧急任务?制作一份清单。然后比较紧急任务清单和关键目标、使能目标清单。你能够发现任何相匹配的内容吗?如果清单上大多数的"紧急"问题都与关键目标和使能目标没有关系,你也不用感到诧异。在没有进行认真的时间管理的情况下,你的时间很容易被紧急但不重要的事情所占据。这一点同样适用于我们对他人作出的承诺。"是的,我会帮助你完成那份报告。"你对同事说。"是的,我会义务去为学校募捐者销售抽奖券"。这样的承诺让我们始终保持忙碌,然而对于促使我们离更高目标更近一些却并非必要。要成为有效的时间管理者,你必须训练自己区分什么事情是紧急而且重要的,什么事情仅仅是紧急的。当你认识到这种区别的时候,你将会很好地分配时间。

化解"紧急"与"重要"的两难处境问题的最好方式可能就是对这一问题保持警觉,并对选择执行还是拒绝那些不重要然而紧急的任务深思熟虑。

从目标到任务

如果你希望严肃、认真地安排大部分时间,最基本的要求就是确认目标,并进行排列分类。不幸的是,许多关键目标都是总体性的,以至于我们无法直接进行处理;作为替代,我们必须将它们分解为易于管理的任务和对应于每一项任务的工作。这就像那个古老的笑话:“如何吃掉一头大象?”答案当然是:要吃掉大象,首先需要将大象分解、切割成一口大小的小块。对于宏大的目标,你需要做同样的事情。

我们建议通过以下四个步骤来使用目标进行时间管理:

第一步:将目标分解为一组易于管理的任务。回顾每一个目标,然后列出达到目标所需要完成的所有任务。表 1-2 是任务列表的示例。

第二步:确定优先权。当完整地列出任务列表时,对每一项任务分别确定 A、B 或 C 级优先权,以 A 代表最高级优先权。你所确定的优先级别应该反映每一项任务所支撑的目标的重要性:

A 级优先权包括关键目标。它们是具有高价值并应最先受到关注的任务。

B 级优先权包括使能目标和那些最具价值的最好具备目标。它们是具有中等价值和高紧急度的任务。

C 级优先权包括具备低价值及低重要性的紧急和非紧急任务。

第三步:对任务进行正确的排序。检查任务时,你会注意到有些任务需要按照一定的顺序来完成。在下一项任务开始之前,前一项任务需要或多或少完成一些。举例来说,完成一份报送给高级管理人员的重要报告可能需要这样的次序:

表 1-2　任务和时间

目标：	发起一系列内部培训研讨会——最初 3 个月时间内，每个月 2 次（共 6 次）。如果参与良好并且评价有效，这一系列内部培训研讨会将会继续。		
项目＃	**活动**	**估计时间（分）**	**注释**
1	首次头脑风暴会议	60	包括雷蒙（Ramon）、哈里特（Harriet）、朱莉（Julie）和彼得（Peter）
2	第二次会议：确定主题和演讲人 头脑风暴研讨会	75	包括以上所有人以及佛瑞德（Fred）
3	和内部提升与沟通	120	
4	单独会见每一个演讲者	240	
5	开发通讯软件包	180	包括市场营销
6	监督执行	180	
7	研讨会评价	60	哪些有用，哪些没用
8	向每一位演讲者寄送感谢信和一件小礼物	60	
	时间总计	975	小时：16.25

收集数据-列出报告提纲-撰写报告-征集意见-修订报告-提交报告

并非所有的活动都遵循这种纯线性的顺次关系，亦即工程经理们经常提到的"先完成再开始"的关系。举例来说，有些任务组表现为"滞后"关系。在这种情况下，一个任务必须等待另一个任务的开始和部分完成，如图 1-1 所示。考虑一个新的计算机系统的开发流程，软件开发人员必须等待部分但不是全部硬件开发工作的完成。在此以后，大多数硬件开发和软件开发工作可以并行开展。还有一些工作不依赖于其他任何特别任务的完成，或者可以在某个特殊阶段到达之前或之后的任何时间开展。记录下这些关系，并在确定工作进程的时候将这些关系牢记于心。

第四步：对于优先级别为 A 和 B 的任务——那些你真正打算去完成的任务——估计每一项任务需要你花费多长时间。对时间的估计并不总是十分明确的。但是如果之前曾经完成过类似的任务，你就有了估算时间的基准。如果面对一项全新的活动，可以咨询同事、经理或者其他能够帮助你估计时间的人。然后预留出10％至20％的缓冲时间，以应对不可预料的问题。你还应该确定完成每一项任务或者活动的最终期限。对于更为复杂的活动，设定一些里程碑来追踪完成的过程。图 1-1 阐明了如何将一个目标分解为相应的组成任务，并为各个任务分配估计的时间。

图 1－1　任务关系

在某些情况下，任务组在逻辑上具有线性关系——一个任务完成，另一个任务才能开始：

另一些任务组具有“滞后”关系：

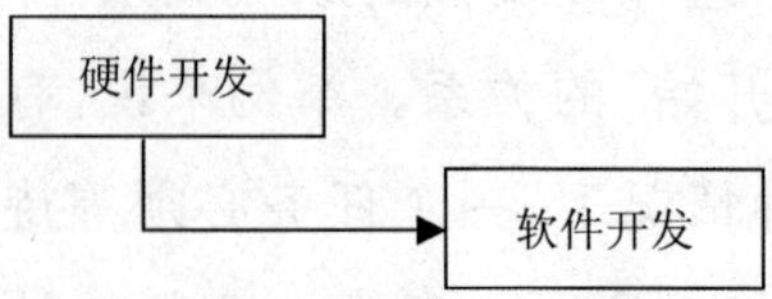

在列举出所有的任务和时间之后，你应该关注另一个问题。设法确定那些你能够适当地全部或者部分委派给他人完成的任务。例如，在表 1-2 中，经理可能会发现，她能够委派其他人完成任务 3 的大部分工作："头脑风暴研讨会"。她相信：同事在她不在的情况下能够处理好这项任务。对于任务 5——"开发通讯软件包"，可以用相同的方法去完成。记住，你能委派出去的任务越多，就能有更多的时间集中于关键目标。

如果涉及一个团队的大目标，你可以考虑采用许多工程经理使用的工作分解结构（work breakdown structure，WBS）方法。WBS 是一种计划程序，它是将一个工程目标分解为许多需要完成的任务。同时顾及完成这些任务所需要的时间和财力。附录 B 是对 WBS 的一个简要说明。

团队目标

这一章已经阐述了个人的工作目标。如果你是一名经理，还必须考虑所在单位的目标。它们应该是什么？你的思维被潜在目标的概念所包围着。在某个工作日中，你通常会思考：如何让团队运行得更加平稳，你的团队将会承担什么新的职责，以及职员们如何能够作为一个团队更好地工作。在这些范围内的每一个想法都会有关联的目标。你所面临的挑战是：从所有的潜在目标中，挑选并识别那些能够为团队和组织创造最大价值的目标。

在一定的周期内(每年一次或者两次),回顾你的团队的各种行动,并寻找能够产生更大影响的机会。将团队成员召集起来,通过提出以下问题共同讨论可能的目标:

- 为了确保成功,哪些初步的任务必须完成?
- 我们奋斗的标准是什么?
- 我们能够在哪些地方对提高生产力和效率产生最大的积极影响?
- 顾客对我们的产品和服务的需求是否正在改变?我们应如何应对?

不要由于担心各种约束条件或完成的可能性限制了头脑风暴。取而代之的是,将人们最为关注的事情列出一个清单,然后通过小组工作缩小目标清单,这一清单上的目标是人们认为最重要的。与此同时,确信这些目标与公司的战略和目标协调、统一为一个整体。

无论你是严格执行上述方法,还是仅仅只是思考目标和相应的优先权,都应该将目标作为时间管理的起点。目标将会指引你以后所有的思想和行为。

小　结

- 目标是有效的时间管理的起点。其他任何事情都应追随目标这一起点。如果你不能确定自己的目标，就不要期望在时间管理上有太多的收获。

- 根据重要程度，目标可以划分为关键目标、使能目标和最好具备目标。
- 寻求公司目标、团队目标和个人目标之间的统一。
- 要使目标成为行动的有效指南，目标应该具有以下这些特征：明确的书面条款、时间期限、可度量性、重要性、与组织战略统一以及具有挑战性但可以实现。
- 当你和下属共同进行目标设置时，确信他（或她）：(1)有能力去承担新的目标；(2)理解这些目标的细节和重要性。
- 紧急然而相对并不重要的任务容易耗费掉本应花在关键目标和使能目标上的时间，学会辨别这些任务的性质。
- 关键目标常常是总体性的，因而难以直接进行处理。在这样的情况下，将目标分解为相应的组成任务，并按照正确的顺序完成每一项任务。
- 工作团队应该有其自身的目标。

2 时间是如何被浪费的

2 时间是如何被浪费的
——它们去了哪里？

本章要点

- 通过活动日志说明时间是如何被浪费的
- 分析日志数据并找出时间管理失败的原因
- 形成良好的时间管理习惯

第一章建议用目标作为指导使用时间的指南。如果不思考和了解目前是如何使用时间的，你将很难达到有效管理时间的目的。如果你明白自己现在安排时间的方式，就能够比较容易地掌握和控制时间。对家庭预算来说，除非了解了现在的消费习惯，否则你将无法计划并控制未来的开支。这也同样适用于你对时间的管理。

你现在花多少时间在文书工作上？会议上呢？电话上呢？旅行上呢？网上冲浪上呢？如果能够精确地描述现在如何分配时间，你将清楚地了解在什么地方浪费了时间，以及如何更加有效地利用时间。

这一章将会说明如何建立活动日志，它是测定你如何花费时间的主要工具。如果没有让人惊奇的结果，建立活动日志将会是单调乏味的琐事。当你制作了一个这样的日志，你可能会说："现在我毫不奇怪为什么我从来都没有时间去做重要的事情——因为我浪费了如此多的时间。"

建立和使用活动日志

如果要求你写下昨天的工作记录，你一定会记得那些重要的事情和你做这些事情大致花费的时间。"好吧，让我想想。这一天的开始我回复电子邮件大概用了几分钟。9 点 15 分有个会议，会议持续到 10 点 30 分左右。接下来我打了几个电话，然后出发去会见一个供应商的销售员……"

你能记起多少昨天的事情？你对于实现约定的会见的记忆可能是十分精确的，因为它们通常都在指定的时间开始，但是你很容易忽视其他小块的工作花掉的时间，尤其是喝咖啡、处理电子邮件等等。要清楚地了解你花费时间的模式，你需要建立一个书面记录——活动日志(activity log)——关于过去三天的活动，最好是完整的一周的活动。理想的状况是，这个日志应该记录有代表性的日子——不包括那些非常规的花费大量时间的旅行、多天的销售会议等类似活动的日子。确定记录下你做过的所有事情；那样，你就不会忽略任何事情，特别是那些简短的活动和浪费时间的活动——它们占据了绝大多数人生活的大部分。

表 2-1 是一个工作日的活动日志示例。值得注意的是，她对十分细小的事情都作了记录，例如等待计算机启动、整理办公桌以

及去洗手间等。每次改变活动，她都会增加一个日志条目。这些细微的事情贯穿在每一天之中，但是如果她试图在每天结束的时候通过回忆完成日志，这些事情很可能会被遗忘。明天你可以这样尝试：从踏进工作场所的大门开始记录，一直到你回家。尽可能精确地记录每一项活动所花费的时间，不要遗漏任何事情。

当你完成每一个日志条目的活动内容记录时，尽可能用明确的类别——例如“电子邮件”、“文书工作”等等——去标记每一项活动。对你的活动进行分类可以让你之后对日志的分析更加容易。举例来说，一个办公室工作人员的活动分类，可能包括以下内容：电子邮件、互联网、电话、文书工作、编制计划、准备工作、会议、访客以及旅行。

记录下所有活动之后，基于前面所描述的关键目标、使能目标和最好具备目标，对每一项活动指定相应的优先权。记住：

- 优先权 A 包括关键目标。它们是具有高价值并应最先关注的任务。
- 优先权 B 包括使能目标——那些能够间接支持关键目标的活动。它们是具有中等价值和高紧急度的任务。
- 优先权 C 包括具备低价值的紧急和非紧急任务。

表 2-1　日常活动日志示例

	活动	所用时间（分钟）	优先权
8:42	等待电脑启动	3	C
8:45	电子邮件：查收和回复	15	B

9:00	休息:咖啡室;聊天	9	C
9:09	等待会议;整理办公桌	6	C
9:15	会议:产品推广团队	60	A
10:15	休息:喝咖啡;个人电子邮件;盥洗室	15	C
10:30	电话:外线,S. 赫明(S. Heming),确认午餐	12	B
10:42	电话:内线,D. 格尔兹(D. Gertz),工程部	8	B
10:50	电子邮件:回复比尔(Bill)	3	C
10:53	互联网——查看天气、新闻	7	C
11:00	准备:午餐会	8	B
11:08	会议:红利计划讨论	32	C
11:40	出行:外出与 A. 戴维斯(A. Davis)举行午餐会	120	B
1:52	电子邮件:发送和回复	12	C
2:04	电话:答复语音信息	11	C
2:15	访客:夏季实习生要求指导	8	C
2:23	访客:D. 霍洛维茨(D. Horowitz)询问工程事宜	5	A
2:28	文书工作:开始月度工程报告	4	B
2:32	电子邮件:收件	3	C
2:35	文书工作:继续工程报告	12	B
2:47	休息:盥洗室;取咖啡	10	C
2:57	准备:为会议收集材料	3	B
3:00	会议:预算评价	75	B
4:15	电子邮件:发送和回复	11	B
4:26	互联网:查看新闻	4	C
4:30	计划:检查/调整工程运作日历	10	A
4:40	文书工作:继续工程报告	10	B
4:50	电子邮件:与工程相关的开支	10	B
5:00	回家		

对旅行进行评估
我们假设你花费了半天时间、跨越半个国家去参加一个重要会议。会议的主题是一个关键目标，它具有优先权 A。填写活动日志的时候，你将会议时间优先级别确定为 A。但是乘坐飞机和出租车的路途上所花费的时间应该如何分类呢？仅仅因为这些时间与这个重要会议相关就评估为 A 吗？ 答案是不应该。这些时间应根据实际的产出来进行评估。如果你用部分旅行时间写报告或者准备会议，它可以获得相应的评估。从车窗看风景或者在飞行中看电影的时间都应该评估为 C——时间浪费者。用这样的方式评估旅行时间可以对确定旅行成本提供参考，即使这些时间支持了一个具有高级优先权的目标。

分析活动日志

完成活动日志的优先权栏目后，检查日志，以确定你利用时间的模式。你是不是在文书工作、喝咖啡以及与未预约的访客谈话上花费了大量时间？或许你在周一上午花了大量时间打电话，或者总是在午餐后有意外的访客。你可能发现会议都会集中在每一周的后期。

最后，你需要提出这样的问题："这些时间的花费与关键责任和目标匹配吗？"如果你从事销售工作，打电话占据一天中的大部分时间是合适的，但是如果处理应付账款，也许就不合适了。相反，如果销售人员花费大多数时间用于文书工作，而只有很少的时间用于与客户谈话,他们就是在滥用时间。

对活动日志中的“优先权”栏目给予特别的关注。一天中有多少时间用于A级和B级优先权的活动?它们应该占用大部分时间。总是会有一些C级优先权的活动出现在日志中,但它们应该只是一天时间中很小的一部分。

现在我们来考虑回报。你不会希望花费50%的时间在那些对职责和目标只有最小回报的活动上。也许你应该排除或者委派出去一些只有很小回报的活动。例如,表2-1的填写者花了32分钟来参加一个关于公司红利计划的会议。她应该问问自己:“根据职责和相应的优先权,我真的需要去参加这个红利计划会议吗?”

现在来探寻那些浪费时间的活动。为了更加显而易见,你要将它们用黄色荧光笔标出。如果看到很多黄色标记,你就会明白:还有大量的改进空间。然后,你应该研究一些方法去避免它们。举例来说,表2-1所描述的这个工作日中有123分钟用于C级优先权的任务。这并不是坏事,它提示出改进的机会。另一方面,一天中仅有75分钟用于A级优先权的任务,传递了一个潜在问题的信号。为什么她一天中仅仅只有1小时15分钟花在有最高级优先权的工作上?

从分析到改变

记录你对时间的使用并分析记录是时间管理中必不可少的前两个步骤。这两步是必要的，但是并不充分。在实现改进之前，你还需要第三个有用的步骤：你必须计划去改变。

如果你曾经有一段时间接触过产品或者服务运营，可能会熟悉一种叫做流程改进的方法。如果没有，这里有一个简要的说明。业务流程将输入转换为输出，例如，一个汽车装配线流程将供应商制造的零部件转换为一台组装好的车辆。无论是我们所说的将钢条转换成汽车凸轮轴的流程，还是将贷款申请转换为正式的接受或者拒绝决议的流程，它们之间在本质上都没有任何区别。

流程可能是高效的，也可能是缺乏效率的。流程的输出可能达到严格的速度或者质量标准，也可能达不到标准。举例来说，如果凸轮轴加工流程在产品输出中产生大量变异，导致大批残次品发生，这个流程就是失控的。流程改进的管理人员需要做两件事情，这两件事情是与我们之前所叙述的时间管理相关的：他们收集有关事故的数据，分析数据，寻找问题；然后，他们进行下两个步骤：探寻导致流程问题的原因，并且采取行动，以改正或者消除问题的起因。

你可以在时间管理中应用相同的方法。你已经看到如何用一个活动日志来收集和分析数据以确定问题。现在应该是最后两步——改正步骤了。

探寻时间管理失败的原因

通过分析，认清错误的时间管理模式之后，就需要找出原因。提问并回答以下这些棘手的个人问题，诚实地给出你的答案。

问：为什么我会花费这么多时间去参加没有价值的会议？

答：如果拒绝了会议邀请，我担心其他人会不认同我的团队成员资格。

问：如何解释我浪费大量的时间来处理未预约的访客和打入电话？

答：如果告诉那些人我没有时间和他们谈话，我会觉得失礼。因此，我总是敞开门，也会接听每一个电话。

问：为什么我会花费这么多时间在电子邮件和互联网上？

答：一部分是和业务有关的，不过有一半的电子邮件是私人的，还有大多数时候上网冲浪确实是在浪费时间。

这样的质询将为你找到浪费时间和时间分配不当的原因，并为最后的步骤作好准备。

纠正问题

缺乏对时间的管理从根本上说是行为问题。如果你认识到这个问题并了解问题的原因会有一些帮助，但这种帮助是有限的。

纠正这一问题最好的方式就是培养更好的习惯和行为。这正是美国的开国者——本杰明·富兰克林——如何塑造他的人生的。

当他还是一个在殖民地费城(Philadelphia)打拼的年轻人时，本杰明·富兰克林就确定了13项他坚持培养并坚信能够让他能够更加完美和成功的品德。这些品德包括：节欲、沉默、有条理、坚定、节俭、勤奋、真诚以及谦卑等。作为一个注重统筹规划的人，富兰克林知道：仅仅把这些美德写在纸上、放在桌子上，对于改变自己的日常行为是不会有多大效果的。在心理学和行为修正尚未成为正式学科之前，他就清楚地了解：人不是通过思想改变的；只有通过行为才能改变，那就是，实践一种新的行为。

因此，富兰克林为自己设置了一个自我改善计划——集中精力用一周的时间去实践一项品德，然后转向下一项。他相信：每一周的实践都能够建立一种行为习惯并坚持下去，最终使13项美德成为他为人处事方式的一部分。他甚至用笔记本记录下来自己每一次背离美德的过失，以明确自我改善的进程。

富兰克林的美德之一——勤奋——是18世纪的说法，现在我们称为时间管理："不要浪费时间；时刻做有用的事情；放弃所有不必要的行动。"[1]

富兰克林培养13项美德的方法并不只是一个离奇的故事，对于纠正我们在活动日志分析中发现的不好的时间管理习惯是一个可取的办法。这个办法额外的好处是：通过一系列小的、可操作的步骤，而不是一次完成所有事情来解决问题。如果对你来说，电子邮件和上网冲浪是导致浪费时间的原因，就用一个星期有意识地去解决它。在这件事情得到控制以后,继续改变下一个坏习惯。

如果你同大多数人一样,通过几天的记录并分析目前支配时间的行为,你就能够发现有比自己之前所了解的更多的可用时间——只要你能够消除浪费时间的活动,并少花一些时间在那些对成功几乎没有帮助的日常事务上。但是,记住富兰克林的直觉:仅仅认识到问题并不能解决问题。行为不能通过思想来改变,而是需要通过行动来改变,即反复地实践一种新的、更加有效的行为。

小　结

- 时间管理的第一步是:了解你现在如何花费时间。最好的方式是通过记录三至五天的活动日志来完成这一步。
- 如果你对每一项活动都用概括的类别(如旅行)进行标记,并指定与目标相对应的优先级别,对活动日志的分析就会更加简单。
- 活动分析的下一步是:找到失败的时间管理的原因。
- 最后一步是改正。最好的改正方式就是:通过反复练习有效的行为,直到成为自然反应(习惯),来培养更加有效的行为习惯。

3 制定时间表

3 制定时间表

——从优先事件开始

本章要点

- 制定清单和计划
- 以优先事件为核心制定时间表
- 每天都制定一个任务清单
- 如果出现意料之外的工作，重新制定时间表

如果遵循了前两章的建议，你就会清楚地了解你的目标和相应的优先权：哪些是关键目标，哪些是使能目标，以及哪些只是最好具备目标。通过建立为期三至五天的活动日志，你也分析了自己花费时间的模式。这样的分析让你清楚地了解，有多少时间被你用来做以下这些事情：文书工作、指导下属、参加会议、作计划、旅行等等。

在认清你所负责的全部事务并确定相应的优先级别之后，你需要对它们进行系统化的处理。最好的办法就是制定一个时间表，记下你在某个时间段内必须有计划地完成的任务。时间表可以让你充分掌握和分配自己的时间。你可以看一眼自己的时间分段，知道自己何时应该工作，何时可以休息。你也可以了解优先的任务是否

被相对并不重要的工作占用了时间。时间表应该以A级优先权和B级优先权的任务为中心，而相对来说，A级应该放在更为优先的位置。你也可以分配小部分的时间给C级优先权的任务和那些你无法推卸的、紧急而不重要的事情。

制定时间表的工具

可以使用的时间表制定工具有很多。如果走进任何一家办公用品商店，你就会发现：堆积如山的各种各样的商品可供选择。它们都承诺会让你变得更加有序，取得更高的工作效率。这些商品包括：

- 任务清单
- 约会日程
- 每日和每周的计划表
- 时间表制定软件和硬件设备（例如，个人电脑日历和个人数字助理）

很多机构都有按日期排列的时间表软件工具，如Microsoft Outlook软件。它可以让你把你的时间表保存在自己的个人电脑里，并且在公司电脑联网的情况下，可以让你看到公司同事的日程安排。联网制订计划表让公司的员工更容易找到共同开会的时间，一起协商工作。在本书写作过程中，我曾访问一家公司，该公司发现这个软件非常有用，以至于可以为此省去一个全职的工作岗位。在安装该软件之前,公司需要增加一个只是为其他员工安排会议时间的工作岗位。Outlook 软件自身包括相应版本的任务清单。富兰克林·科维——一家基于斯蒂芬·科维的名著《要事第一》(*First Things First*)来提供时间管理培训的公司,研究出了一些附加的工具,它将其时间表制定方法与 Microsoft Outlook 融为一体,从而帮助知识工作者专注于他们的重要事情,并帮助团队取得更高的工作效率。

选择适宜并可行的工具。然而,你必须记住的是:做计划是个人的事情。如果适用于公司的时间表制定工具并不适合你个人,就应去寻找其他工具。

建立自己的时间表

在作计划的时候,你时刻都要牢记从 A 级优先权的任务开始。它们应该在时间安排中占据首要的位置。由此你可以获得以下两项时间管理的成果:你会有足够的时间做最重要的事情;同时也给浪费时间的事情留下了更少的机会。所以,作为第一步,你要做的就是把 A 级优先权的任务全部放在未来时间的优先位置。然后用剩下的时间合理地安排 B 级任务。

在制订计划的时候,还要牢记,每个工作日中你都会有精力充沛和疲乏的时候。例如,对很多人来说,每天下午尤其是午饭之后的时间是他们最疲乏的时候。如果你也是如此,就应把需要创新和精力的重要工作和活动安排在上午，因为在这一段时间你是清醒而且积极的。把那些日常工作——处理电子邮件，阅读报告等等——安排在精力不够充沛的时候。

可实现的承诺

如果你不能确定是否可以接受一些额外的工作或项目？这里为你提供一个有帮助的计划工具。

制造商们使用主进度技术把他们的零部件及产品供应能力和对最终产品的需求匹配起来。如果该技术得到合理的应用，它们就可以确保公司以适当的产品生产能力制造出正确的零部件数量和型号，从而按时满足客户的订单。

主进度技术的一个工具就是可实现的承诺(available-to-promise，ATP)。ATP 通常建立在电子制表软件之上，它可以让你一眼看出公司在任何给定时间能够接受额外订单的产品供应能力。这个工具也可以改编应用在个人的工作计划中。

思考一下这样的一个案例。卡门(Carmen)是一个自由作者，当前正为五位客户写作著作和论文。她用 Excel 软件建立了一个 ATP，说明她在接下来的六个月里每个月的全部工作能力(产品供应)。她也估算出满足所有客户的需求每个月所需要的工作时间。ATP 工具计算出了每个月所必需的工作时间，然后从每个月的全部工作时间(全部工作能力)里减去这些时间。相减的结果就是她每个月的自由时间，她可以据此接受新的工作。在这个案例里，卡门计划在七月份工作 26 天，其中 24 天要奉献给以上五位客户，剩下的两天时间则留给其他任何需要她服务的客户(参见表 3 - 1)。

表 3－1　可实现的承诺

工作项目	七月	八月	九月	十月	十一月	十二月
客户 A	1		6			
客户 B		10				
客户 C	4	3				
客户 D	7		4	12		
客户 E	12	10	7	10		
总需求	24	23	17	22	0	0
总能力	26	25	19	25	24	20
ATP	2	2	2	3	24	20

以下是制定时间表时一些重要的提示：

- **只计划一天中的部分时间。**这对经理人很有必要，而且随着你升向更高的管理职位，这一点会变得更加重要。留出一些时间来处理紧急事务、机会事件、意外事件和对管理很有用的事情：散步。然而，如果你在日程表上留出了一些时间，而这些自由时间又没有被紧急事务和意外事件占用，记下你在此时要做的 A 级和 B 级工作。
- **首先安排最重要的工作。**这是避免紧急而不重要的事情耽搁重要工作的最好办法。如果你的日程允许，就再安排一些次重要的工作。
- **尽可能地避免"背靠背"的会议安排。**你需要一定时间来处理会议所包含的信息，以及执行会议的行动计划。
- **在有时间的时候，经常性检查以下工作：电子邮件、文书工作和电话。**例如，抽出早上 9:00—9:30 和下午 4:30—5:00

的时间来做这些工作。这样做一般可以省去“转换”(switching)时间成本(在被打断之后重新回到工作之中所需要的时间),从而为你节约出大量的时间。

- **随着时间的进展,把未完成的重要任务放到下一步的自由时间里。**如果当时没有空闲的自由时间,就跳过次重要的任务。记得时刻把最重要的事情放在第一位。
- **尝试使用时间倒推法。**确定一天中你能够支配的时间,然后倒推时间,把最重要的事情放在第一位。

如果你发现自己不能按照事先计划的那样完成全部的重要任务,在头脑中记下是什么问题阻止了你完成计划。你是否低估了完成工作所需要的时间?你是否只为意外事件留出了太少的时间?在回答这些问题的同时,你的头脑中就会有个大概的印象。根据所分析的情况,重新安排时间表里的某些部分。像其他事情一样,时间表应该随着时间的推移而不断得到改善。

制定好时间表之后,把它放在你目所能及的地方。挂在墙上或放在桌上的日程表应该经常在你的视野之内;而个人电脑中的日程表则应总是显示在电脑桌面上。不断地检查进程,确保你能按部就班地完成任务。

注意:定期评价时间表制定工具的有效性是很重要的。附件A包括一个很有用的检查清单,可以帮助你通过一系列的自问式问题,在常规的基础上提高你的制表能力。

制定任务清单以协助工作

任务清单是最简单和常用的时间表工具之一。它把所有需要完成的任务都放在一个显眼的表格里。许多人把任务清单和每周或每月的时间表结合起来使用。很多日程工作计划和电脑日历都含有任务清单。一个有效的任务清单包括以下内容：

- 计划参加的会议以及会议时间
- 需要作出的决定
- 必须打的电话和你在等待的电话
- 必须撰写的备忘录、信件、电子邮件
- 前一天尚未完成的A级以及B级重要事务

任务清单的一个好处就是它可以让你把自己的任务细分为很多具体的活动。例如，日程工作计划会提醒你在星期二的下午三点到四点之间"回电话"，而任务清单则会清晰的告诉你需要致电的每个人，就像下面所列的一样：

今天要做的事情

作预算，10:00—中午

小组会议，下午1:00—2:00

给以下各位回电话，下午3:00—4:00

- 赫勃(Herb)——绩效评估会议
- 朱妮塔(Juanita)——薪资评估

➢ 戴维·K.——他最近的出货情况

➢ 克拉丽莎(Clarissa)——她每月的销售额

在5点之前敲定伦敦之行的旅程。

你应该在前一天晚上或者当天早晨作出当日的任务清单,而且要形成这样的习惯。这本身也帮助你养成时间管理的习惯。

在作清单的时候,一定要现实而清醒地认识到你一天之内究竟能够完成多少事情。一个经验性的方法就是只把你认为能做的事情的一半列入计划之内。这好像显得有点悲观消极,但是切记在刚开始的几天,要先尝试使用这个办法,然后再作进一步的判断。而且一定不要把紧急但是并不重要的事情列入计划表中,除非有负责人要求你那样做。你很容易被自己诱惑,"我把所有的不重要的事项都放在计划之中,而且会很快的完成它们,这样我就可以专心去做重要的事情了。"如果那样做,你就已经给了时间浪费者相对于重要任务更高的优先权,而且后果相当严重。如果不重要的事情花费了比预先估计更多的时间,你就等于是搬起石头砸了自己的脚。所以,还是别把它们列入计划当中。

最后,每当一个任务完成时,把它们用笔划掉。这有利于给你一种真实的成就感。每一天结束的时候回顾一下计划表。是否有很重要的事项还没有完成?如果是,就要重新规划它们——但首先要问自己为什么没有按计划完成。

起初是否留出了足够的时间去完成它们?

完成过程中是否存在某些你没有意识到的逃避或忽视?

如果你对后一个问题的答案是肯定的,就要问自己为什么要逃避这些工作。你是否在担心自己不能很好地完成它们？要完成这些任务，是否会涉及一些你不想发生的个人冲突？

首先要对这个问题刨根问底，然后重新安排任务清单中的重要事项。

日程安排系统的弊端

你可能会想："作计划是很明智的，但是我必须面对的工作和问题富有变化性、很不明确，以至于我不能把它们完整地放入一个日程安排系统之中。"很可能你是对的。如果你所面对的都是很严整的工作而且任务非常清晰，制定日程工作计划对于处理重要的事情来说就会很有作用。如果相反，这些工具就显得不那么有用了。工作的明确性和管理职位的高低之间的关系如图 3－1 所示。

图 3－1　组织层级和工作结构

一般来说，当人们处在较高的管理职位时，他们的工作范畴就不再那么固定了。当他们的职责范围增大的时候，时间的分配就会变得更加零散。每天都会有新的问题和机遇，完全打乱了日常工作计划的安排。思考一下这个假设的案例：

作为 DaveCo 系统的股东兼经理，戴维很好地计划了他的一天工作。上午的日程表排满了会议，先是和项目部，然后是和销售部碰头。中午，他要和一名来面试运营部经理的应聘者一起吃午饭，然后和首席财务官讨论一下公司的预算问题。接下来，戴维计划和一名销售人员在三点到四点之间去拜访当地的一家公司。

他上午的第二场会议刚刚开始，就有人从门缝里探进头说："戴维，很抱歉打扰你，但是有一个紧急电话找你。"的确是一个紧急事件——公司的两名员工在去客户的途中卷入了一场交通事故。他们和另一名司机都被送进了医院。戴维的计划就这样被彻底打乱了。

日程安排系统如何处理这样的突发事件？答案是，一个严密的日程表应付不了模糊和意外的事件——这些是和高端的管理工作联系在一起的。我们所需要的就是一个制定时间表的方法，它要有相当的弹性——这是胜任该类型的工作所必需的。

第一章和第二章所讨论的制定目标、要事第一以及制定时间表，其中大概 90％适用于高端的专业人员和经理人。缺乏明确的目标，经理人就不能驾驭好自己及下属的前进方向。如果不区分出哪些事情是需要首先完成的，他们就会花费太多的事件在那些不重要的事情上,这些事情对完成任务毫无益处。而没有一个时间表,每天的工作都会事倍功半。所以,首席执行官同较低级别的经理、销售人员以及工程师一样也需要时间管理工具。唯一的区别就是,首席执行官需要更有弹性地使用这些工具。弹性可以体现在以下这些形式:

- 每天的时间表里都留出更多的自由时间
- 只有最重要的和快到截止期的工作才能列入计划之内
- 机遇出现的时候,更主动地放弃计划中的工作

更大的弹性不会使时间更加空闲,而会确保为那些真正最重要的事情留出足够的时间。

本章和前两章描述了在工作场所时间管理的一个实用的方法。以下两章将会超越方法而着重阐述一些实际的问题,借此你可以摆脱那些侵蚀工作时间并且降低工作效率的任务。

小　　结

- 带有时间表制定软件的网络电脑可以让使用者很轻松地调整员工的时间表以便召开会议和协调工作。
- 首先计划最重要的事情;用余下的时间计划相对不重要的工作。
- 不要透支时间。留出一些空闲时间来处理紧急事件、机会事件等等。

- 定时检查电子邮件和文书工作，从而减少"转换"时间成本。
- 制定一个任务清单，它应涵盖一天之内必须要完成的所有事情。
- 时间表和日程工作计划对工作结构严整的人很有用，而对那些需要弹性工作的高级经理来说就不那么有帮助。对这些工作范畴不太固定的经理人来说，给时间表留出更多的自由时间和弹性能够让他们最大限度地利用时间管理工具。

时间管理

4 时间"掠夺者"

4 时间"掠夺者"

——如何高效率地使用时间？

本章要点

- 造成拖延的三个原因以及克服的方法
- 怎样避免超负荷工作
- 替下属解决问题和承担责任的危险
- 合理安排旅行时间
- 如何处理电子邮件和文书工作
- 最大限度地利用会议时间
- 从一项工作转换到另一项工作的成本

管理者及其员工合理安排时间的能力往往会受到一系列因素的限制。所有意料之外的问题必须在第一时间得到解决。特别是那些要求苛刻的客户，需要我们给予更多的重视。如果团队中某一个成员突然生病，他的同伴必须及时调整各自的工作量以赶上进度。

以上提到的这些因素往往是无法控制的。尽管之前曾经提到，许多时间管理上的问题是由于个人行为和习惯造成的，但是最终都可以解决。接下来的这一章，将着重讲述一些"掠夺"时间的因素以及克服它们的方法。

拖　延

拖延(procrastination)是延缓或者推迟处理现在应该完成的事情的不良习惯。无论是在家里还是在办公室,我们常常会在一些事情上拖延。其结果就是:一些应该优先完成的任务被推迟完成,或者更糟的是:永远不能完成。同时,拖延者本身也并不好受,除了愧疚之外,还有如芒刺在背的感觉。

一般来说,有三种原因造成拖延:

- 这项工作不是很有趣,甚至有些讨厌。
- 害怕做不好,担心失败。
- 不知该从何处着手。

无趣的工作

很多我们非做不可的重要的事都是无趣甚至让人讨厌的。想象一下这样的场景:

桑德拉(Sandra)明白,她必须想办法改变她的下属海伦(Helen)每天上班迟到五至十分钟的习惯。这一习惯无疑是在损害公司的利益并给其他员工树立了一个坏榜样。其他员工都很清楚海伦一向拖沓,也知道桑德拉在处理这个问题上一贯拖延的态度。尽管如此,桑德拉还是没有采取任何举措。

究竟是怎么回事？为什么桑德拉允许这个问题一直存在并继续下去？很可能她是在以拖延这样一种不自觉的方式来回避这一恼人的问题。包括很多管理者在内，很少有人愿意告诉别人：你做得不对。事实上，大多数人都在尽力避免个人之间的冲突。面对这种无趣的事情，大家的处理方式几乎是一样的。

这一周，你有没有搁置一些无趣却很重要的工作？你有没有在一些并不重要的事情上花时间来回避那些重要的工作呢？线索可能就存在于你的每日计划表或时间表里，当然，如果你有的话。看一眼计划表里那些尚未完成的任务，为什么其他的都完成了而这些却没有？是不是因为你觉得那些工作很无趣甚至很讨厌？

这里有一些解决拖延问题的好办法：

- 如果这些工作可以委派给别人，那就这样做吧。对你来说很无趣的工作可能对其他人来说并不讨厌。
- 如果不能委派给别人做，那还是留给你自己吧，尽管你因为无趣正在拖延。这需要你跳出现在的位置，客观地审视一下眼前的情况。这样做并不容易，但它却是非常重要的第一步，告诉自己："是的，这项任务很让人挠头，可我必须去啃这块硬骨头。"
- 拖延通常会带来愧疚感和对自己的不满。所以如果你发现自己正在逃避某项工作，不妨想一想完成这项工作后的成就感和满足感。这种好的感觉足够激励你开动起来。
- 把那些恼人的工作安排下去，并且让自己没有回头放弃的机会。举例来说，桑德拉应该在第二天早上和海伦进行一次会谈。如果之前她给海伦发一封标题为"关于我们的会谈开始时间"的电子邮件以示提醒,她就没有回头的余地了。

完成了这项令人烦恼的工作后,你会有一种轻松的感觉,同时应该问自己,为什么我之前没有进行这项工作呢?

对失败的恐惧

对失败的恐惧是造成拖延的另一个原因。我们都努力避免失败,所以当面对一项工作的时候,如果感觉不能顺利地完成,你总是会很自然地去回避它。我们来看看这个例子:

吉姆(Jim)和他的老板罗恩(Ron)在一月底的一天共进午餐。"我们的部门在过去的一年里运行得非常好,"然先开了个头,"不过,今年我们必须做得更好,争取实现预先确定的目标"。他希望吉姆能组织建立一个促使部门运行得更加有效率的工作小组,"我希望这个工作小组可以在保证工作质量的同时,找到一种更快速、更低成本的运行方式。我希望在三个月内看到一份相关的工作报告。"

上司让他领导一个重要部门,对此吉姆感到很受鼓舞。但是同时,他又有所保留。他即将为新的部门所招募的那些人手和自己完全不一样,可能因为吉姆是公司的新人,也可能是因为吉姆更年轻些。吉姆从没有和这些人合作成功过。如果他们轻视自己该怎么办呢?"很可能会失败啊,"吉姆对自己这样说。

几个星期后，罗恩问吉姆："怎么样，有什么工作进展要向我汇报吗？"

"还没有，"吉姆说，"我还在整理工作思路"。而事实上，吉姆什么都没做。

在这个例子中，对于失败的恐惧让吉姆一直在拖延。不幸的是，如果他继续这样下去的话，失败是注定的。那么你呢？你有没有发现自己也有类似的行为？你是不是也有过这样的经历——因为担心自己不能胜任而回避一项重要的工作？

在很多案例中，消除这种恐惧的最好方法就是直接面对困难。如果你担心完不成工作的原因是因为缺乏相应的培训或者资源，那就尽量去寻求帮助。如果你的恐惧是因为像吉姆那样缺乏自信的话，那就通过周密的计划来消除这种恐惧。把顺利完成这项工作所需的一切都考虑清楚，然后着手去做。你会发现：恐惧不过是一种可以通过具体行动来驱散的精神障碍而已。

不知从何处着手

对于某些工作，特别是一些大型的项目、新的任务或者是没有明确步骤的工作，我们通常会说："我不知道应该从哪里入手。"工作的模糊性会让你有更多拖延的理由。想象一下当你的老板对你说"请写出一本关于我们公司的时间管理的书"时，你该作何反应。从哪里着手呢？如果找不到一个明确的切入点，你一定会拖延时间，并且把时间花在其他事情上。

要改变这种局面，通常有两种办法：

- 跳出现在的位置。往往是在置身事外的时候，你才会发现更有成效的方法来完成这项工作，同时这也大大降低了拖延的可能性。
- 像前面提到过的那样，把这项工作分解成几个部分。然后明确每一个部分任务对整个工作的重要性并把它们按照逻辑次序进行排列。接下来就从在第一位的那部分开始，然后逐步完成。

下次发现自己拖延的时候，不妨试试这两个办法。当你不再拖延并开始着手去做这些非做不可的工作之后，你会对自己的工作比以前感觉好得多，工作起来也更有成效。

超负荷工作

有些人——大多是一些勤奋的人，往往容易让自己的计划表"超载"。想想看，很可能你就是他们当中的一个。他们总是勇于承担起新的任务，然后才去思考怎样才能完成。我们来看看下面这个例子：

哈维(Harvey)一向勤奋努力，并且总是希望能将工作做得更好。他一直尽自己的努力去做好一切工作，来帮助团队达到目标。有一次上司马西(Marcy)说："应该有人为我们这个项目的下一步工作制订一份计划书。"大部分人都坐在那里，眼睛盯着自己的笔记本。"有没有人愿意做这份计划书？"马西又问了一次。看到没有人愿意主动承担，哈维像往常一样站出来，接下了这项工作。他的举动是意料之中的，事实上他的同事都很清楚，只要他们坚持不站出来，哈维最终一定会承担起新任务的。哈维是个勤奋的完美主义者，新任务通常都完成得非常出色。但问题在于，哈维并不能准时完成，因为他总是承担起一些超负荷的工作。

像哈维这样的人绝对是很棒的员工，但他们的最大问题便是不会说"不"。他们总是承担起超出自己能力范围的工作。因此，他们的工作日程计划总是不断加长，而他们也往往要在深夜或是周末加班工作才能完成任务，更遗憾的是，在工作进度上，他们却总是落后于人。

你是不是也像哈维一样？如果是的话，你应该思考一下超负荷工作给你生活的各个方面带来的负面影响。你的职业生涯将被这些超出基本职责的工作搞得毫无生气，然而这些工作最终又有多少与你的关键目标相关？同时，你还可能因为超负荷工作而筋疲力尽。此外，如果你将本该花在家人与朋友身上的时间也全都用来工作的话，你的个人生活也将痛苦不堪。试着按照下面的方法去做，也许你可以避免让自己超负荷运转：

➢ 明确关键职责和目标。这样，你可以很容易区分本职工作和那些超过范围的工作。如果有本职工作以外的任务，别主动揽下它。相反，你该想想哪个人有责任去完成它，这是谁的分内事。如果你还是不得不参与的话，别把这项工作当作你一个人的职责，而是尽量去做好负责人的助手。还是先前那个例子，我们来看看这样的回答有什么效果：

“有没有人愿意做这份计划书？”马西又问了一次。看到没人自愿承担，哈维回答道：“我实在是没时间接下这项工作了，不过如果有人愿意负责的话，我会尽量去帮助他的。”

- 如果其他人没有做自己分内的事或是没能达到你的标准，请不要有插手或介入的想法。在很多案例中，这都是因为授权产生的问题。你的下属可能会把事情做得一团糟，但如果你插手帮他们做的话，他们是永远得不到进步的。相反，你应该给出一些建议和指导，帮助他们把工作做好。
- 不要认为任何事情都非做不可，并不是所有人们想到的事情就一定得做到。记住 **80/20** 法则：**20%**的行动会产生 **80%**的重要成果，而其他 **80%**行动则没有太大的影响。所以，在那 **20%**上下功夫，离余下的 **80%**远一些。
- 学着对你的同事和老板说“不”。如果你生性乐于助人或把自己看做团队一分子的话，说“不”并不是件容易的事。但如果不懂得拒绝的话，你将像哈维一样，工作无尽无休。

其实说“不”远比你清楚地说出为什么要做这项工作容易得多。思考一下说“是”将会给你带来的后果——打乱计划，让你无法按时完成最重要的工作，这样说“不”的理由就会变得清晰。在老板面前，说“是”自然容易得多，所以此时说“不”必然是很大的挑战。对老板说“是”可以让你在很短时间内取悦他。在哈维的例子中，马西就会想：“没人愿意做的话，哈维还是可以做的。”但如果总是因为接受新工作而导致基本工作不能完成的话，你的结局很可能就是成为一个失败者。更重要的是，说“是”并不能让你升职。马西会想：“我需要哈维在现在的这个位置上，我的工作不能没有他。”老板们是不会让那些他们觉得不可或缺的人升职的。

当上司要把难以完成的额外工作委派给你时，这里有个解决办法可供参考：

1. 在你想好之前，什么都别说，先想办法得到缓冲的机会：“我们明天下午来谈好吗？”
2. 充分利用喘息时间，准备好你的回答。
3. 当你去见上司时，把你现在手中的工作列个单子给他，让他来决定你的本职工作和那个即将委派给你的新任务，哪个应该优先完成。这样，皮球就被踢回到他那里。

这里有一个例子：

地区销售经理约翰(John)在和销售副总裁，他的上司沃尔特(Walter)共进午餐。“约翰，我很担心低糖类零食产品对我们销售的影响，”沃尔特说。“已经有越来越多的卡波莱特(Carbolite)牌的低糖薯片出现在本该属于我们的货架上。”

“我明白，”约翰答道。“今年以来他们的产品随处可见。”

“告诉你吧，”老板说：“我准备让你研究一下。看看卡波莱特的产品在零售店里占的货架空间，估算一下他们的营业额，再和我们的产品作一个对比。你可以找我们的销售代表收集一些信息。”

“在我负责的地区吗?”

“不,在全国。而且最好能在接下来的几个月内完成。”

上司的这番话让约翰感到心神不宁。沃尔特让他在今年最忙的这一段时间完成这个全国范围的调查。一方面,老板把这么艰巨而又重要的任务交给他,约翰觉得老板很器重他。但另一方面,约翰既没有资源也没有时间来作这个调查,除非沃尔特可以把他的常规工作转交给别人,毕竟,市场调查不是约翰的本职工作。

作为团队一员,约翰必须想个好办法来拒绝。“好主意,”他对老板说。“如果低糖零食是一种新趋势的话,我们必须了解。你看这样如何,我先好好想想,明天下午再和你谈。”

“没问题。明天下午两点我们再谈。”

约翰用这段时间想好了该如何回答他的老板。他们见面的时候,约翰说:“我也觉得我们必须尽快跟上低糖这一趋势。但是我们刚刚进入最忙的销售季节,我手下只有三个经验不足的销售代表,而我向你承诺实现两千万美元的销售目标。如果我现在分出一部分精力去作那个市场调查的话,恐怕不能完成那两千万的目标了。我建议,过了这个忙季,三个月后我们再着手作这个调查。同时我会让市场调查部门的希拉·埃文斯(Sheila Evans)准备一个如何获取数据的计划,以便我们到时开展调查。你觉得怎么样?”

要注意,在这个例子里约翰并没有直接说“不”。相反,他重申了自己的既定目标和承诺。然后他解释了为什么上司增加新任务会影响他的目标。最后,他又提出一个合理的解决方案,让上司来决定约翰该如何分配时间。

这个策略的重点在于肯定关键目标的优先性,同时还要判断新委派给你的任务是否妨碍或在多大程度上妨碍你实现这些目标。做到了以上两点,你就有办法面对那些意料之外的额外任务了。

当然,并不是所有的老板都像约翰的上司那样通情达理。在上司面前表现出任何的不情愿都会给上司留下不好的印象。所以在尝试这个方法前,先弄清楚你在和谁打交道。

帮助下属解决问题

许多管理者尝试去节省时间,但都会因为委派工作的失败而成为自欺欺人的经历。在本书的其他部分你将学到怎样变成更好的委派者。但也有很多人使自己变成了“反委派”的受害者:他们允许下属把问题再推回到自己身上。这些管理者因此不得不处理很多本该由下属来处理的问题。

你有没有发现自己在下属的问题上花了太多的时间?如果是的话,你并不是唯一的一个。威廉姆·昂肯(William Oncken)和唐纳德·沃斯(Donald Wass)曾经在《哈佛商业评论》上发表题为“管理时间:谁背上了猴子?”(Management Time: Who's Got the Monkey)的文章[1],他们在文中问道:“为什么管理者的时间总是不够用,而他们的下属则总是没法完成工作?”答案是:管理者们常常无意中把下属背上的猴子(即问题)背到自己身上。这样,他们就要背负起原本应该由下属去解决的问题,而没有多少时间来做自己真正要做的工作了。

下属们总是很急切地要把解决不了的问题推给上司。这样可以大大减轻他们自己的负担。而很多缺乏经验的管理者,也常常因为迫切地想帮助和支持下属而被利用。这并不是说管理者完全不应支持下属,事实上管理者应该适当帮助下属解决问题,而不是把工作揽到自己头上。昂肯和沃斯在文章中假想了这样一位上司,他下属说:“会议一结束,这些问题怎么进的这间办公室还要怎么出去,你们自己解决。”

根据作者的观点,你只能允许下属在汇报工作进度或是处理过程中的问题时,向上司寻求一些帮助,而不是一推了事。这是个很好的建议,遵循它,许多时间上的问题都可以随之得到解决。

不必要的旅行

旅行是商务活动的必要组成部分。人们需要与顾客和供应商面谈 ,以建立良好的人际关系,也需要参加一些会议,或者和其他地区或国家的员工进行项目合作。在其他一些案例中,出差旅行也是为了进行调查研究或者刺激新计划、新想法的产生,贸易和科学会议就是其中的两个例子。

罗杰(Roger)在一家总部设在纽约的出版公司担任选题策划编辑,同时也负责金融方面书籍的编辑工作。每年他都致力于寻找并签下15本有关证券投资管理、投资银行、证券分析及其相关领域的书。他通过阅读《华尔街日报》(*Wall Street Journal*)、《有价证券管理杂志》(*Journal of Portfolio Management*)、《财富》(*Fortune*)以及其他学术期刊和一系列商业杂志来寻找潜在的作者。此外,罗杰还经常通过电话与组稿商、商业教授和资金管理者进行交谈。他还常常为了参加各种专业会议而出差,以发展新的合约,并试图了解金融界和资本市场的新动向。"每次从这种专业会议回来",罗杰对同事说:"我都会带回三到四个好点子,其中至少一个肯定会在一两年内变成一本书。"

对于罗杰来说,出差旅行是必不可少的,而绝非是一种困扰。因为考虑到时间和金钱上的成本,他只在其他办法都不奏效的时候选择出差。他还会提前为每次出差仔细地安排好与很多人的会见,从早餐一直排到晚餐。他把出差的每一分钟都充分利用了起来。

你的出差旅行是不是没有罗杰这么有成效呢?你有没有为了一个并不重要的仅有三小时的会议而飞越半个大陆,然后再赶下一班飞机匆匆返回呢?参加会议时,你有没有真正明确的商业意图呢?这些会议是否能够促进目标的实现,还是仅仅只是出于义务去参加呢?出差旅行要耗费大量的时间,每个商务人士都应该对旅行的价值进行评估,这个价值是通过比较收益和成本得出的。

下次你为了参加会议或者去公司分部以及其他类似理由而出差旅行时，应该明确花费在没有价值的那部分活动上的时间，比如：去机场的路途、在候机厅等候、飞到目的地、从机场搭乘出租车、返回路途等等。然后估算一下在这段时间内，公司所支出的薪水和津贴。把这个数字和你此行产生的交通、住宿及餐饮费用加起来，与此行带来的效益进行对比。结果是净利润还是净损失呢？

充分利用旅行时间的技巧

如果旅行不可避免，那就充分利用旅行的时间。这里有一些技巧：

- 带上足够多的文件，把在候机厅和出租车上的时间充分利用起来。
- 如果是为了参加一个会议，那就在抵达之前作好一切准备。这样不但可以确保会议的效果，还可以提升出行的价值。
- 旅途可以让每个管理者得到他们迫切需要却不可能在办公室里得到的东西：不被打扰的时间。这段安静的时间适合用来作计划或者思考。亚马逊公司的杰夫·贝左斯(Jeff Bezos)说：“我通常都是利用飞机上的时间来阅读报纸和杂志，来了解时代的前沿。我还会带上记事本和脑筋急转弯。”[1]
- 尽可能利用旅行的时间。如果你要去旧金山参加一个上午的会议，别在会议结束后就急着坐最早的飞机赶回家。相反，你应该把那一天余下的时间都留在那个城市里。比方说，下午你可以给当地销售代表打电话，或者和公司的重要客户或战略合作伙伴会面。即使你是生产制造经理或首席财务官，你也可以通过电话向一线的销售人员了解到很多关于客户和竞争对手的信息。

资料来源：[1] George Anders, “Bezos Shares His Ideas for Time Management,” *Wall Street Journal*, February 4,2000.

然后考虑一下出差的机会成本:如果待在办公室里,工作所产生的价值。如果没出差的话,你可能已经做了一些很有价值的工作:

- 指导下属提高她的技能
- 和一个重要客户吃饭,很可能因此而得到一份新订单
- 为下属和团队制定出一个更有效率的工作计划
- 通过电话与四五个潜在的客户沟通

有些经理人员认为出差是必不可少的。在很多案例中,这一点是毋庸置疑的,但并不是对所有案例来讲都是正确的。很多旅行能够带来的效益可以通过一些更低成本的方式获得,比如电话会议、网络会议和视频会议等。如果你还没有这么做过,不妨研究一下这些潜在的可以替代出差的方式。(你可以在本书中读到更多这些方面的内容。)

电子邮件和文书工作

在过去几十年里,电子邮件恐怕是最有价值的沟通新工具了。通过电子邮件,你可以给楼下或地球另一端的人发送文字信息、扫描图像或是附加文件。它快速、便捷而且廉价。但由于人们使用方式不当,电子邮件已经成为一个主要的时间"掠夺者"。思考一下在一个大型加工公司任项目经理的葆拉(Paula)的案例。

葆拉每天早上 8 点 45 分到办公室。打开电脑后，她的第一个动作就是查收电子邮件。"我对电子邮件的感觉很复杂，"她坦言，"一方面，我很期待更新那些与我直接相关的公司活动信息。我也很愿意收到朋友们的来信。但另一方面，我很担心面对二三十封既不是直接给我又和我没什么关系的邮件。每天下班前，还会有二三十封邮件出现在收件箱里。最糟的是，我必须打开它们才能确定是和我无关的。"

葆拉的情况并不是特例。主管、经理和雇员们都会受到电子邮件的轰炸。根据弗雷斯调查期刊(Ferris Research)2003 年的一份研究报告，在家或在办公室工作的人以及每月都需要出差几天的人，平均每天都会收到四五十封非垃圾邮件并发出 25 封信，每周还会收到 70 封左右的垃圾邮件。这项调查还显示，独立顾问收到的邮件数量大致和以上数目差不多，但他们的邮箱每周要遭到 350 封垃圾邮件的轰炸。[2]

处理如此众多的电子邮件会消耗掉大量的时间。当然，时间并不是全被浪费掉了，因为对一个组织的工作而言，沟通是基本的需求。事实上，电子邮件所带来的效益远比在浪费时间上的损失高得多。如果我们拒绝垃圾邮件、个人信息、笑话、连锁信件和误发邮件进入收件箱并让我们从重要的工作中分神，电子邮件的成本还可以更低。在电子邮件开始控制你之前，这里有一些技巧教你来控制电子邮件：

➢ 每天固定几个时间处理电子邮件。除非你急于等一个邮件并要立即作出回复，不要一有新邮件就打开信箱。相反，你应该在每天固定几个时间专门查电子邮件，比如早上九点半、刚吃过午餐和快下班的时候。这样可以减少电子邮件的打扰。

- 为私人信件保留一个单独的电子邮件账户。鼓励那些非业务联系人使用这个信箱地址，这样你可以在家或中午休息时间看这些私人邮件。
- 用系统的方法处理电子邮件。你可以这样处理那一长列未读信件：首先，删掉所有的垃圾邮件和那些人们强行抄送给你却与你无关的邮件，动作要快。第二，把所有紧急邮件移到一个标有“紧急邮件”的文件夹里，按照你时间表里指定的时间处理。最后，把余下那些值得关注的邮件转移到“稍后处理”文件夹里，等到完成时间表里需要优先解决的事情之后，再来处理这些邮件。
- 教育一下和你通信的人，让他们知道你所需要的信息。发一封回信这样注明：“关于这个问题我需要更多的信息”或“请不要抄送这个信息给我”或“请把将来有关这一方面的信息直接发给某某（适当的下属的名字）。”这样一两个星期后，那些没有价值的信件就不会跑来你这里了。

最后，公司应当鼓励人们在发信的时候清楚地填好主题栏。主题栏可以让接收者对信件基本内容一目了然，也能够让接收者知道是该删除这封邮件、立即处理还是放到“稍后处理”文件夹里。

表 4－1 列举了几个有效和无效的主题栏的例子。

别像巴甫洛夫的狗一样

就像巴甫洛夫(Pavlov)用一个铃铛来让狗想到吃饭就流口水一样，我们当中的很多人已经被电子邮件训练得一有新邮件就马上放下手里的事。无处不在的微软公司 Outlook Express 软件会在新邮件进入邮箱时发出声音通知你，使你放下手头的事情，打开邮件开始阅读。大多数人在电话铃响起时也是这样，尽管当时我们可能正忙于一件非常重要的事。这常常害得我们中断工作和思路，使工作缺乏效率。

有两种方法来终止这种巴甫洛夫式的邮件反应。第一就是关掉邮件提示音。在 Outlook Express 软件中，到工具栏中选择"选项"，打开常规选项，去掉那个标着"新邮件提示音"的选项栏。另一个方法依然是到常规选项中，钩上那个"每____分钟查一次信"。选择 90 分钟或其他适合的时间间隔。这样可以大大减少被打断的次数。

表 4－1　有效和无效的主题栏

有效的	无效的
星期二下午两点销售人员会议	会议
今天下午三点前交市场预测报告	市场报告
明天一起吃午餐如何？	(空白)
附上约翰的报告供参考	报告

有效的主题栏包含了足够的信息，可以让接收者不用打开邮件就知道该如何处理这个邮件。无效的主题栏则做不到，每一封

邮件都需要打开读一下才知道主要内容是什么。

尽管电子邮件在很大程度上取代了纸张信件和备忘录，很多办公人员还是要接收并回复大量的纸张文件。处理文书工作时，可以试试时间测试法：

- 如果你不需要对一份书面文件进行回应，要么扔掉要么适当的归档，总之尽快处理它。
- 如果你需要进行回复并且只需一小会儿就可以完成，那就马上处理。完成后再扔掉或适当的归档。
- 如果你需要进行回复但是当时很忙，没空处理，那就问问自己“可以转给别人去做吗？”如果不可以，那么立即把这份文件放到“稍后处理”文件夹里，按优先程度排列好。比如说，你收到一张要付款的发票，直接把它放到发票夹里，稍后再付。每周都给自己留一段时间专门处理“稍后处理”文件夹里的文件。

基本的思想是要尽快处理文书工作，无论用什么方法。这样可以帮助你避免重复处理那些文件。

浪费时间的会议

大多数经理人都会在会议上花掉30%～50%的时间。如果这些会议可以帮你高效率地实现目标，那么这些时间还不算太多。如若不然，这就是大大的浪费了。

有些人认为：工作上的变化使得会议越来越重要。这些变化包括向员工授权（这需要更多的协调工作）、更大程度地依赖跨部门的工作团队开展工作、更多的需要意见统一的决策和公司之间联盟数量的增长等。不管我们经历的会议基于什么样的原因，会议永远都是公司生活中不可或缺的一部分。

我们常常会听到对于会议的抱怨，不过，那些发牢骚者并不是针对会议意图的，而是关于那些被浪费掉的时间。这些浪费时间的会议：

- 是不必要的
- 不根据议程进行
- 变成了闲聊
- 由一两个人发起并包揽全部对话
- 超出既定的时间
- 未能作出决策或委派人员开始行动
- 不能让人们对各自的任务负责

你参加过的会议有没有以上这些特征？如果有，那就难怪你觉得它们在浪费时间了。与之相反，那些成功的会议，能够让与会者感觉他们正在分享有价值的信息、参与一个主要的决策或是完成一项重要的任务。因为重要的事情被解决了，所以人们是不会抱怨这种会议的，他们甚至都忘记了时间的存在。

不开会的时间

一周工作时间是不是被很多会议分割成碎片，只留给你很少的时间完成任务、出差、与供应商交谈或简单地计划一下第二天的工作？如果是，那就设想一个不开会的部门政策或是公司政策。

先从小处着手，把星期五下午列为禁止开会的时间。如果人们对这一制度表示满意，并且所有工作仍能完成的话，可以把这个限定时间延长为一整天。那些时间可以用来访问客户或供应商。

有些公司每个季度都有两个小时的包括办公室全体职员的非现场会议。因为会议本身和交通时间可以耗费几乎整个上午的时间，所以一个没有会议的下午将会非常受欢迎。

警告：不开会的政策仅在员工和高级管理层都尊重这一制度的前提下才有效。如果人们可以随便侵占这些时间，那这一制度就没什么存在的意义了。

这里有一些方法教你避免那些浪费时间的会议：

- **去掉不必要的会议。**会议的意图是推动与会者间的相互交流：分享意见和点子、协调行动或作出决策。如果没有以上的需要，你自然也不需要开会。
- **避免出席那些你既没什么贡献又没什么收获的会议。**有人邀请出席一个会议，并不意味着你一定得去（除非邀请人是你的上司）。如果邀请者在筹备一个没什么效果的会议，这一点绝对正确。
- **出席会议前索要一份会议议程。**如果看完了会议议程，你还没弄清会议意图的话，那就别去开这个会。

如果你在组织筹备一个会议，一定要保证会议意图明确、重要并都反映在议程里。保证会议尽量简短并紧扣主题，千万不要超过预定时间。要确保你邀请的都是应该请到的人，包括对这个主题有强烈兴趣、有重要信息以及有权参与制定决策的人。最后，要以行动为导向。会议应该作出一个决策，使人们更接近目标，或者寻求终止一件重要的事情。你希望人们在离开会议的时候说：“花了一个小时，但我们完成了这笔业务”或是“现在我们每个人都有任务了。”

注意：关于这个话题的更多内容，参见附录C。这个附录还包括一份便利的清单以帮助你筹划会议。

令人分心的事物和转换成本

办公室里充斥着让人分心的事物。读读今天的华尔街时报、收一下朋友和同事的电子邮件或围着咖啡机和同事聊天。当然，办公室里还有网络，可以时不时地去看一下最新的头条新闻、天气预报、体育比分或是电影评论。这些让你分心的事物就横在你和要完成的事情中间。

让人分心的事物不只是简单地把你从工作中拉走，事实上甚至会让工作进度倒退。这是因为它们分散了你的注意力，并且每一次你重新开始之前的工作时，都会因此而产生转换成本。为了继续之前的工作，人们必须回顾他们已经完成的事情，这样就产生了转换成本。工作越复杂，需要花在这上面的时间就越多，转换成本也就越高。一项调查估计，转换成本可以降低一个公司20%到40%的效率。[3]这对生产力而言是一种无意识的巨大的浪费。思考一下这个例子：

在过去的两个小时里，马克斯(Max)一直在写一份由两部分组成的长报告。他已经准备好第一部分的草稿，准备开始写第二部分。为了给自己一个小小的奖励，马克斯站起身来，到咖啡间去倒了点咖啡，并和两个同事简短地聊了一会儿。几分钟后他回到座位上，发现有两封新的电子邮件。"我得看看，"他对自己说。

回完两封信后，他重新开始看自己的报告。但是他已经没办法从离开的地方开始了，他忘了自己当时是怎么构思的。唯一找回思路的办法，就是多花上五分钟把自己写的东西重新读一遍。

马克斯的问题在办公室里是普遍存在的。电子邮件、电话、意料之外的来访者和煮咖啡，都可以让你分心，打断工作并延长了完成工作的时间。有很多方法可以避免分心，这里列举几个：

- 忙碌的时候让答录机替你接电话。
- 关掉电子邮件。
- 把报纸等让人分心的东西从桌上拿开。
- 如果你有自己的办公室，关上门，然后在门上挂个"忙碌"的牌子。

你的目标是尽可能地在放下这项工作之前就完成它。这和长久以来的时间管理的建议异曲同工，那就是不要在同一份工作上花两次时间。

对付时间掠夺者的有效工具

表4－2列举了针对时间掠夺者的可行方法。在试过这些方法以后，评价一下它们的效果如何。通过这个练习可以让你对那些浪费时间的事情更为警觉。

表4－2

时间“掠夺者”	产生原因	解决方法	解决方法的效果		
			无效	有效	非常有效
电子邮件	亲友发来的笑话或者问候	只在午间休息的时候处理与工作无关的邮件		×	
		要求别人不要在工作时间打扰你	×		
效率低下的会议	会议没有主题或者议程控制不好	坚持要求围绕主题或者找个理由不参加这种会议		×	
		避免参加没有意义的会议			×

（续表）

在办公室的娱乐、消遣等分心的事情	遇到单调或者存在困难的工作	想办法在处理邮件或者打电话之前完成工作		×	

资料来源：经许可改编自《哈佛管理培训》时间管理部分。

你永远都不可能完全消除那些让人分心的东西，但这里有个简单而有效的方法可以帮助你战胜它们中的大部分。很多销售人员和管理者长期坚持这个方法，并收到了很好的成效。把下面这个字条贴在你的电话机上、桌子上、电脑显示器上或是任何一个你很容易看到的地方：

我现在是在为我的目标而努力吗？

如果分心了，这个小纸条可以让你把精力重新集中到重要的事情上去。

另一个降低转换成本的方法是在一个单独的任务上集中精力，直到完成。然后再开始下一个。

小　结

- 拖延有三个原因：这项工作不是很有趣或者有些让人讨厌，你担心会失败，或是不知道该从哪里开始。

- 在想好是否有时间完成之前，不要贸然接受新任务。
- 你可以通过以下几种方法来避免让工作表超载：明确目标、将工作委派给他人、遵守 80/20 原则（20％的工作会产生 80％的重要成果），以及当别人试图把工作推给你的时候学会说“不”。
- 不要帮下属承担责任和解决问题。给他们指导和建议，但别让他们把工作推回给你。
- 避免不必要的旅行。不得不去的话，就带上一些可以打发时间的工作，尽可能地让你的行程创造更多的价值。
- 应该这样控制你的电子邮件：设定查收邮件的时间、电子邮件地址要公私分开、不受欢迎的邮件不用打开就直接删除。
- 对于文书工作，不要在同一份文件上重复工作。
- 会议可能是浪费时间的主要原因。尽量不去参加那些不必要的会议、你没有贡献也没有收获的会议，以及没有清楚的议程的会议。
- 在一项工作上转移注意力然后再回去，将导致转换成本的产生和时间的浪费。有两种补救措施：一是避免分心；二是在一个单独的任务上集中精力直到完成，然后再开始下一个。

时间管理

5 委托和委派

5 委托和委派

——为自己赢得时间

本章要点

- 你需要委派工作或需要更有效地委派工作的标志
- 有效地委派工作的准则
- 委派的方法
- 委派前的准备工作
- 分配任务
- 监督工作进程
- 通过事后分析来学习经验

委派(*Delegation*)是由一个人将某项具体的任务或项目分配给另一个人,被分配人则承诺会完成这个任务或项目。当你委派给别人时,不仅是将工作转交给另一个人,而且是将按照标准完成这项工作的责任也一起转交给了对方。

委派是很多成功经理人最重要的技巧之一,也是被很多没时间完成工作的超负荷经理人常常忽视的一个技巧。有效的委派者总是花很少的时间来"做",而是将更多时间放在策划这项工作、为他人组织资源并对需要帮助的人进行辅导上。相反，那些不能有效率地委派任务的经理人用尽了时间，却还是被大批没完成的工作压得喘不过气来。这一章着重阐述一些有关委派的永恒准则，并对现在的应用提出了一些相关的实践理念。[1]

委派的好处

有效的委派对你、你的下属和你的组织都是大有好处的。先从你自己说起。当把一件你应该完成的任务委派给有能力完成的人时，你的工作量和压力程度都相应减小。如果这么做的话，你会有更多的时间放在那些需要特殊技能和权威的事情上：作计划、对业务进行分析、控制局面、监督公司运转、获得资源、处理人际关系问题或认真思考怎样提高业务。

委派也是帮助了解下属及其个人能力的好方法。如果你分配了一系列任务并观察员工们如何完成，你很快就会对每个人的优点和缺点有充分的了解。了解之后，你就会知道谁应该被升职、谁需要技能培训，以及你该从哪里对他们进行有效率的指导。

委派还会提高你和下属之间的信任程度。想获得信任，你应该先信任别人，委派是表示你对他人信任的最好方法之一。委派所包含的信息是："我相信你可以完成这项工作。"

好的员工可以从委派中获益。每一项任务都是他们接受责任、计划工作并从别人那里获得协作的机会。委派也让员工获得了管理工作上的经验。如果你是一个经理，培养下属的能力本身就是工作的一个重要组成部分。

最后，公司也会从委派中获益，特别是当员工被授权可以在一定程度上决策的时候。因为下属总是比上司更接近客户、更熟悉公司的日常业务，他们在自己的位置上作决定对公司是绝对有好处的。

有些经理觉得委派不好，因为他们担心会失去控制。有些人则担心自己放弃了责任。还有一些人坚持认为自己来做更有效率："与其花时间解释给亨利听，我还不如自己做呢。"也许事实就是如此。然而从长远角度讲，每个管理者都应该下放部分控制权并指导员工怎样去做。这里还有一些认为委派没有效率的借口：

"我对我的员工没信心。"这类管理者应该从分配一些小的任务做起，慢慢树立对员工的信心。

"我喜欢按我的方式去做。"这应该不是什么障碍，阐述一下你的要求和标准，员工一样可以按照你的方式完成任务。这比凡事都亲力亲为要更有效率。

"我的员工可能会抱怨这些额外的工作。"这倒有可能。不过，那些你希望留住的好员工，是会珍惜承担重要工作的机会的。

"人们希望我成为问题解决者和决策制定者。"在一定程度上可以这么说，但各个阶段都需要问题解决者和决策制定者。你得明白，你的角色是支持员工自己作某些决定。此外，委派一些任务代表着你也有机会获得一些新鲜而有趣的工作。

警告标志

以下是对于一些需要提高委派技巧的管理者的警告标志。它们对你适用吗?

- 你的收件箱总是满的。
- 你总是因为那些"只有你才能做的"任务而超时工作。
- 委派下来的任务总是错过最后期限都不能完成。
- 下属直接反映他们缺乏足够的权力和资源来完成任务。
- 试图劝告下属改变决定并按个人意愿将工作重做一次。
- 下属觉得准备不足,无法完成工作。
- 你经常介入分配给其他人的工作。
- 士气太低,员工流动率太高。
- 对你分配的任务,员工并不负责。

有效委派的原则

为有效的委派建立合适的气氛和环境是非常重要的。按照下面的原则去做其实并不难:

- 要非常明确你要做什么、什么时候完成以及怎样衡量完成的结果。在这些问题上含糊不清只会让你失望。
- 鼓励下属告诉你他们在工作上的兴趣以及有多少时间来完成新工作。
- 让大家对单位的总体目标形成共同的责任感。这可不是你一个人的目标。

- 不要只把一些乏味或棘手的任务分给下属去做。相反,你应该把那些下属愿意做的有兴趣的任务委派给他们。
- 通过委派公司里的重要任务,给他人创造事业上的机会。
- 把工作委派给在判断力和完成能力上让你信任的人。这就需要你对下属和他们的能力非常了解。
- 委派任务对你的下属来说是一种学习的机会,尽可能提供他们需要的培训和指导。
- 出于信任,把一些条理清楚的工作委派给业务能力不算很高的职员。然后适当给予帮助,让他们很好地完成工作。
- 无论何时,都要把完整的工作或项目委派下去而不是只让员工做其中的一小部分。这可以激励员工。
- 监督工作进程并给予反馈。
- 保持沟通顺畅。对员工说:"我们来看看你有没有遇到什么问题。"

委派的方法

委派可以通过几种不同的方法来进行。最好是把一项完整的任务、项目或职责分配给一个人。分给好几个人会让他们有一种谁也不能"拥有"这项任务的感觉。而没人负责的话,这项工作就不能很好地完成。

如果在这方面你还是个新手，那就不妨从最简单的方法开始：按任务来委派。这包括委派一项具体的任务：写报告、作调查或筹备一个会议。

按项目委派则是更高级的方法。它扩大了这项工作的范围，也要求被委派者负有更大的责任。这方面的例子包括：制作一本新员工手册、完成一个客户问卷调查或培训其他员工学习一个新的电脑软件。

有下属部门的管理者可能会选择按职能部门来委派。职能部门涉及的任务和项目往往与一项正在进行的工作有关，比如销售、市场或培训。在这个方法中，一个员工会被对应委派到一个职能部门，同时要向管理者不断汇报职能部门内的一切最新的活动。

准备委派

既然决定需要委派工作，你就首先要确定你要委派下去的任务是什么。然后考虑一下顺利完成这些任务所需要的技巧和能力。最后，委派给最适合的人选。

什么工作可以委派(或者不可以委派)

你的工作量是否过大？如果是，评估一下你的工作，然后看看哪一部分工作可以让别人来完成。即使是你很喜欢做的或是不想放弃的工作,该委派下去的时候也还是要执行。这些工作可能会给合适的人带来变化和挑战。

有些工作是需要特殊技能和经验的。如果这项工作太重要而不能分派给别人去做的话,那就想想看能不能多一个人来"拥有"这项工作,让人帮你分担责任。举例来说,如果你需要做一个小册子,那就找一个写作水平高的人来写文字部分,然后再找一个有排版制图技能的人来辅助他。

我们来看看另一个例子:

科林(Colin)今年上半年的主要职责是设计制作一份年度员工调查报告。这可是个大任务,不过还没大到科林自己不能完成的程度,因为前几年也都是他一个人做的。

但今时不同往日,如今科林已经是部门经理了,没有那么多时间。其实他仍然可以自己做,但那样势必要耗费很多个周末,并占用不少做其他工作的时间。

最后,科林组织了一个工作小组专门来作这个问卷调查。由他来领导并监督,两个分析能力不错的新员工则去完成那些最花时间的部分。调查报告完成后在公司内传阅,上面签署着科林和两个助手的名字。

当然,并不是所有的工作都要委派下去。作为一个管理者,你应该保留一些职责,比如:

- 筹划、指挥,还要鼓励你的员工
- 对员工表现进行评估
- 复杂的客户谈判

- 需要你的特殊技能的任务
- 雇佣、解雇和职业培训

其他那些不该分配下去的任务，就要视具体情况而定了。

任务分析

选定了适合委派下去的任务后，考虑一下这项任务所包含的具体工作和所需的技能。任务分析就是对以下三个问题的回答：

- 这项工作需要什么思维技巧？例如解决问题的能力、逻辑性思维、决策、计划和有创造性的设计。
- 哪些必须要做的事，需要什么设备？例如归档、使用文字处理软件、组织、培训以及开发。
- 完成这项任务需要哪些人际关系上的技巧？例如和供应商交谈、为了获取资源而进行的谈判以及向专家进行咨询。

确定合适的人选

弄清了要委派什么以及需要的技能，接下来的问题是：“我的哪个下属适合做这项工作呢？”沉思一下，确保考虑到以下几个问题：

- 那些先前表露出渴望提高和进步的员工都是这项工作考虑的人员。想想有谁主动表示过愿意接受新的挑战。但要记住，作为上司，你要考虑员工的发展都需要些什么。不能仅仅因为下属渴望发展机会就把工作交给他，上司对员工的精确评估才是决定委派人员的最重要因素。

- 哪些员工有时间。别把工作分派给工作量已经很大的员工，尽管他们可能非常尽责、非常可靠。
- 无论是谁来做，你都要给予一定的支持来完成这项工作。
- 这个员工在现在的职位上做了多久。不要在新员工适应工作以前就给他额外的任务。
- 你过去曾给这个人委派过几次任务？尽量在所有员工范围内挑选，而不要对谁有偏爱。
- 可不可以把这项任务同时分给两个或者更多的人，让他们充分发挥自己的特长。

如果时常注意谁有特殊技能的话，那么你就更容易选择合适的人。比如，能把抽象概念简单化的人适合做培训者，而有出色管理技能的人则适合监督整个工作进程。

委派任务

确定了合适的人选，就应该和他沟通一下，阐述这项任务的意图并给他足够的权力。你必须面对面地和他交流，并确保他会接受这个任务。开放的交流和对对方的信任对双方来讲是非常重要的。要想做到这两点，应该先做好下面这几项工作：

- 清楚地描述这项任务、项目或职责。
- 明确工作的意图并解释这项工作对公司的蓝图有着怎样的意义。
- 评述一下员工职责的范围。
- 介绍一下还有谁也将参与这项任务以及他们担任的角色是什么。
- 讨论可能的完成期限。
- 建立评估工作表现、结果和职责的标准。
- 对于质量、时间和成本等要设定严格的标准。
- 明确员工有责任达到你所设定的标准。
- 说明可用的资源和可能获得的支持。
- 确定完成此项任务的原材料和物理资源以及它们的可用性。
- 如果有必要,让其余的员工协助以实现设定的目标。
- 问问这个员工,她在完成这项工作中可能会需要哪些帮助。
- 如果需要特殊的培训和指导,商讨一下方式。
- 确定一个时间来评估一下工作进展。

委派任务给下属一般都包括权力的下放。所以,从一开始就建立清楚的准则和期望值就显得格外重要。你要根据这个员工的能力和你对他的信心来决定究竟给予多大的权力。员工过去的表现是评估主要标准。你还应该确定在保证完成任务的前提下需要给他的最小权力。

在确定了授权水平之后,你就可以将任务委派下去。记得要把决定通知给所有包含在这项任务中或受到任务影响的人。

控制、监督和反馈

一个管理者在委派任务时最大的挑战就是要保证下属不会失败。最好的方式是通过规定完成期限和监督常规进展来对这项任务实施足够的控制。当你说“我希望下周五之前你能做好它”的时候，其实就是在保留对这项任务的控制，这是作为管理者的责任。你可以再加上一句：“星期三下午我们见个面，看看工作进展如何，遇到了什么问题。”这就是在监督这项任务了。监督是每一个管理者的一项重要职责，你可以通过监督来给予下属指导和他们所需要的反馈。

根据任务的数量和复杂程度，你可以在部门内建立一个工作日志来追踪这些任务的进展。有些管理者会利用墙上的大日历把工作进展以可视方式显示出来。还有些管理者则要求下属定期提交工作报告来了解工作的最新情况。

有效委派任务的技巧

- 了解员工的能力。
- 注重结果。控制一下传授他们怎么完成工作的欲望。
- 通过委派任务让员工提高他们的技能，或通过高级管理合理安排他们的位置。
- 尽量委派给低层员工。
- 清楚地解释这项任务，提供顺利完成任务所需的一切资源。
- 给他们适当的反馈并在他们犯错误的时候给予支持。

监督工作时，要对问题出现前的征兆充满警觉。当下属遇到问题开始落后时，你需要出面干预一下。当然，你没有必要帮他们解决好每一个问题。这么做就会与委派任务的意图背道而驰了。所以应该适当地指导、鼓励并给予更多可用的资源，让他们自己帮助自己。帮助的时候不要过于鲁莽，特别是下属明确表示想学习自己解决问题的情况下，千万不要直接告诉他们“正确的方法”。记住，完成任务比怎样完成要重要得多。

完成后的回顾

无论是你还是下属都应该把已经完成的任务当作是学习的机会。任务完成后，你应该进行两项评估，什么做得对、什么做得不对和怎样可以完成得更好。此外：

- 询问员工这项任务对他有怎样的影响。
- 认可员工的成就并对完成得很好的任务给予积极的评价。
- 通过给予指导和提供完成任务所需的额外培训来支持员工的成长。

你还需要确保员工因为出色工作而得到适当的认可。不仅仅是你的认可，还应包括同事、你的经理、客户等等所有相关的人。

对于执行官、经理人和管理者们来说，委派是时间管理上最有效率的工具。如果运用得好，它可以帮助你从工作表中清除那些其他人可以而且应该去做的事情。你可以用多出来的这些时间来跟踪注意那些更具潜在影响的任务。这些有高度影响力的任务可以带给你比效率更有价值的东西:效力。

美国军方的战后回顾

美国军方已经将行动回顾程序(AAR)在各种规模的团队中实现制度化。他们甚至建立了一个战争课程学习中心,以供观察者在那里受训,同时传播以战场为基础的知识。哈佛大学的戴维·加尔文(David Garvin)教授说,AAR在一次行动结束后立即启动,并回答了以下四个问题:

- 我们计划怎样做?
- 实际发生了什么?
- 为什么会发生?
- 下次我们该怎样做?

军事学家建议,应该用花在AAR上25%的时间来关注前两个问题,另外25%时间花在第三个问题上,而余下一半时间都应留给最后一个问题"下次我们该怎样做?"

资料来源:David A. Garvin, *Learning in Action* (Boston: Harvard Business School Press, 2000), 106-107.

小　结

- 如果你被工作压得喘不过气来而下属却没有事情可做的话,你应该更多地委派任务。如果委派下去的任务完成不好或没能按时完成的话，说明你需要变成一个更有效的委派者。

- 有效的委派者都有一些共同点。他们都很清楚自己要做什么，他们把乏味和刺激的工作都委派下去，并且监督工作过程。
- 最好把整个任务委派给一个人，让一个人“拥有”这项任务。
- 不要把明显应该由你自己完成的工作委派下去。那无疑是在让位。
- 委派任务的时候要面对面沟通，给予足够的权力和资源以保证任务的完成。
- 不断监控，当得到任务的人偏离工作方向的时候，随时准备好进行干预。
- 任务完成后进行回顾以获得宝贵的委派经验。

6 浪费时间的上司

6 浪费时间的上司

——该如何应对上司浪费时间?

本章要点

- 清除次要目标造成时间浪费的混乱
- 和不能明确指出方向的上司打交道
- 终止上司的无意义会议
- 当上司变成工作中的瓶颈时该怎么办

每一个执行官、经理和管理者都有责任确保自己的下属为实现既定目标卓有成效地工作。这是管理的基本责任——向员工要结果。不幸的是,很多上司都会不自觉地为下属制造浪费时间的障碍。当他们和下属对于目标没有达成一致的理解时;当他们没能指出准确的方向时;当他们让下属参加那些没有结果或毫无必要的会议时,障碍就产生了。

你的上司有没有制造这样的障碍限制你的能力和效率呢?本章主要针对这一问题建议你如何防止这些障碍来浪费你的时间。但凡事都有两面性。有很多人也在不知不觉地浪费上司的时间。我们同样会教你一些技巧来避免这个问题。

对目标的迷惑

前面曾强调过，目标是一切时间管理的出发点。缺乏明确的目标，我们就失去了评估时间利用情况的基础，也不能把任务按优先次序排序，更不知道什么重要什么不重要。如果目标不明确或者难以理解，时间管理本身就成了一种时间上的浪费。

思考下面这个案例，其中的上司和下属没有花时间来探讨工作目标，更没有就目标达成共识。他们没有写下明确的目标，没有确定相应的时间期限，没有使目标充满挑战也没有相应的衡量标准，更没有确保目标与公司战略之间的相互关系。缺乏以上这些因素，下属的工作就会没有目的，也没有办法给一系列的任务按照优先程度确定先后次序。上司也没有衡量下属工作过程和表现的基础。思考一下由市场经理讲述的这个浪费时间的例子：

> 首席执行官宣布了一个控制成本的政策，我们的上司轻松地把这一工作分派给我们，并给了一个紧急期限。我们被告知要降低成本。但不幸的是，这个控制成本的政策并没有一个标准。我们是不是应该在某项个别的消耗上降低一定的百分比呢？首席执行官是不是想在每个运营单位都降低一定的成本呢？还是他想在总数上看到一个具体的数字，比如降低了200万美元的成本？我们不知道，他也没说。其结果就是一系列混乱的工作，浪费了我们大量的时间，也没有什么成

果。

在这个案例中，高层人物因为没有花时间清晰地阐述目标的细节而导致了时间上的浪费。奇怪的是，有些管理者从来都不会在设定目标这样的基础环节上花时间。如果你的上司也是这样的话，你就要采取主动了：

- 请他给你们开个会，讨论一下工作目标。
- 在会议中，共同为明年和接下来的六个月设定目标。
- 同之前提到过的那样，确保目标的具体性和可度量性等等。
- 确保大家都认可这些目标的重要性，并保证与公司或单位的战略协调一致。
- 当心目标和公司奖励系统之间的不契合。确定你为实现目标而工作可以得到奖励而不是惩罚。
- 思考一下自己完成任务的能力。你有没有必需的技能和资源？如果没有，让上司帮你安排额外的培训和资源。

一旦你们意见统一了，把目标写下来，并保证把这份文件放进你的个人文件夹。在一段时间之后，再次和上司讨论一下你的工作过程，并确认目标是否还有意义。要注意环境的变化可能让你的目标变得毫无意义。

没有清晰的方向

根据本章采访的一些管理者和专家的意见，上司对于他们希望完成的工作所提供的不适当的方向和示范是时间浪费的罪魁祸首。这里有一个例子。听起来熟悉吗?

我是一个生产经理,和其他两位生产经理一同听从斯坦(Stan)的管理,一个非常没有效率的上司。为了完成他的老板给他的任务,斯坦把我们三个叫进了他的办公室开了一个匆忙准备的会议。"听着,"他说,"我希望你们每个人都放下手里的事情,给我写一份关于流水线上新产品的报告,以及你们希望这些新产品在这个会计年度和下一年度里带来多大的利润。"斯坦让我们明天下午三点以前交。

于是我们回到各自的办公室,把手头的事推到一边,开始写报告。我花了七到八个小时,我的两位同事可能也差不多,也就是一共21到24个小时。我们把报告交给了斯坦。两天以后,他又把我们叫进他的办公室。这一次他告诉我们,我们并没按他想要的方式写。他在脑子里有一个特殊的格式,他希望把现在的产品利润也加到这份报告里,等等。所有这些他都没在之前那个会议里告诉我们。所以我们不得不回去重新写。如果一开始他就清楚地告诉我们想要我们怎么做,我们三个就不会浪费那么多的时间了。

这里还有一个来自于一位在金融服务公司工作的经理的真实故事:

我们的副总裁是一个把电脑幻灯片看得无比重要的人。无论什么时候他要在高级管理层会议或董事会上发言,我们都必须放下手里的事情,花上无数时间来给他做幻灯片。在他满意之前，我们要反复改上很多次，因为他从来不告诉我们他想要的是什么样的。这位副总裁必须先看一眼才决定这是不是他需要的。所以我们拿一组幻灯片去给他，他看看，然后跟我们说："你能不能把字号变大点再把背景颜色换了？"他会不断提出修改要求，一直到发言结束。

任何他要在他的上司面前作的内部发言，比如战略计划、预算或项目评估等，都会在他的下属中形成焦虑气氛，而这种焦虑气氛会一直渗透到我们下面一层的员工。无论何时这位副总裁要发言，我们都被牢牢束缚住。

很自然，我们的注意力从客户和管理自己的业务上被转移了。如果他在让我们做之前能简单地考虑一下他想要什么，我们用不到一半的时间就可以完成。

高级管理者总是有很多原因使得他们没能清晰地说出自己希望下属怎样去做。原因之一是避免事无巨细的管理——要给下属机会去创造他们自己的解决方案。比方说在科学和工程研究机构中，员工必须在没有明确准则的情况下自己解决很多复杂的问题。而管理层只是看着天才而又充满创造力的员工找到最佳的解决方式。假设管理者说："我们需要设计一款省油的军车(在铺好的道路上每加仑行驶 25 公里)，要能在坎坷的地面上行驶，并能在受到小型武器攻击时保护驾驶员和五名乘客。"员工们仅仅被告知结果应该是什么样的，然后承担设计生产的责任。

这种"结果模式"的管理方法为那些时间紧张的上司们节省了很多时间。不用管要派谁去做或怎样做，管理者只需要集中精力为员工提供达到预期目标所需的资源、培训和激励。

在约翰·杨(John Young)担任惠普公司首席执行官期间，他一直在实践这种结果模式的管理方式。每隔几年他都会阐述一下苛刻、重要而又清楚的目标，然后留给公司里那些天才的员工想办法去完成。例如有一年，他要求惠普公司两年内应该降低90%的失败产品数量。在另一个案例中，他向公司的产品开发人员提出挑战，希望他们把从新产品创意到投放市场的时间缩短一半。在这两个案例中，惠普公司的职员都在没有上司插手的情况下成功完成了任务。杨的做法其实就是清楚地阐述目标然后留给员工自己去想办法解决。

但并不是每个管理者都像约翰·杨一样。有些管理者可能因为某些原因而需要员工用某种特定的方法来完成任务。管理者于是有责任告诉你要做什么以及怎么去做。他们还应该就这项工作的特点或他们指示的意图与下属进行沟通。否则有可能既浪费了别人的时间也降低了自己的表现。

如果上司没有给你指出方向的习惯，却喜欢事后点评你的工作方法，不要指望这样的问题会自动消失。你的上司显然已经形成了没有动力就不向前的习惯了。这里有个建议，当你接到委派下来的任务时，把计划列个初步的草稿，然后拿去给他看。告诉他："我计划这样去做，你有什么意见吗?"把上司的意见和批评加到你的计划里，然后再把修改过的版本拿去给他看，直到他说"这是做这件事的最好方法"。如果你经常这么做的话，老板会意识到，如果他第一次就把这项工作的特点解释清楚的话，他可以给自已节省不少时间。以后会在处理和你的关系上形成一个更新更好的习惯。

没有意义的会议

每个白领工作者都有关于这类会议的故事。系列动画“迪尔波特”(Dilbert)的作者斯科特·亚当斯(Scott Adams)通过对白领们发给他的“地狱里的会议”系列故事进行艺术表现,获得了一大笔财富。这里有两个由经理人和执行官讲的关于没有意义的会议的故事。第一个故事是一家设计公司的首席执行官讲的:

我印象最深刻的一个没有意义的会议的故事,是关于我早年工作时遇到的一位上司的。他让我们每天都参加一次员工会议。在会上,他打开部门收到的信件,每一封都大声朗读,然后问我们应该如何回复每封信。这样的会议通常要占去整个早上。

另一个人讲了下面这个故事:

首席执行官经常在他的办公室里给我们开会。会议中,他总会例行公事地接听电话——多半是他妻子打来的。其余的人就像哑巴一样坐在那里直到他打完电话。有个情节我一直记在脑子里。有一次,这位首席执行官、我、首席财务官在讨论一个资金投入规模很大的项目。除了我之外,这个小组包括了公司里其他最重要的人。商讨了 15 分钟以后,这位首席执行官接了他妻子的电话并持续了至少20分钟。为了防止我的血压急速上升，我开始心算在浪费的这些时间里公司要为我们六个人付的薪水。结果是个很大的数字。等到他跟他妻子说再见的时候，已经没有足够的时间来讨论了。于是我们只好安排了下一次会议来探讨同样的事。

从那以后，我总是会带点其他的工作去参加这位执行官主持的会议。我带去的那些工作可以帮我打发执行官旁若无人打电话的那段时间。

最糟糕的浪费时间的会议恐怕要数上司明明已经确定了想要的结果，却为了所谓的“一致意见”而强迫员工对这个问题进行讨论。有人称之为“伪合作”。看看这个中层管理人员给我们带来的例子：

我们的老板格雷格(Greg)每周四上午9点到11点都要开一个员工会议。他鼓励大家在会上贡献自己的想法，表面看来，我们是在为了获得一个良好的结果而努力。但其实自从格雷格实现了他的目标后，这些就是虚假的了。他想让我们相信我们的意见和想法有多重要，但其实根本不是。如果他想自己来作决定也无所谓，毕竟他是上司。我只是希望他不要每周都像猜谜似的浪费我们的时间。其他人也是这么觉得。

格雷格的每周员工会议真的没有什么意义而且让那些不得不参加的人觉得讨厌。你的上司召开的会议应该是有效率的典范。同很多成功的会议一样，它们应该有很好的组织，按照紧凑的议程来进行，与会的都是应该参加的合适人选，并且最终能够作出决策或者完成任务分配。参加会议的人会觉得这些时间丝毫没有浪费,他们在会议上有贡献也有收获。

如果上司开的会不能达到这些要求,你应该尽可能地做些什么来改变现状。比如说,会议开始前,诚恳地请他改变会议议程,巧妙地让他知道你们对这样的开会方式没什么耐心。

瓶颈上司

“我的一位上司喜欢凡事都插手,”一位中层管理者抱怨道。“不管是一个改变提议还是简单到一封要寄出去的信,她都觉得有必要看看并修改一下。但问题是她并没有那么多时间来一一解决,结果很多事只能一等再等,等着她来解决。”

这就是一位瓶颈上司的写照。瓶颈上司(Bottleneck Boss)就像是工作流程的积压点,使得工作倒退。这大大浪费了那些等着完成工作的员工的时间。

当法律要求一位有相关资格的专家来进行监管的时候,当员工的技能未经过测试而不被信任的时候,瓶颈都是不可避免的。不过这种情况并不多见。在大多数情况下,上司都是对控制下属的工作相当固执的人。这里有几种方法来突破瓶颈:

- 回家做点功课。评估一下瓶颈造成的生产上的损失。
- 去见你的上司,谈谈你的发现和补救措施。
- 找到一种上司认同的补救方式。比方说,确定一些不需要经过瓶颈就可以进行的任务，或是劝说上司把那些不那么紧急的任务的批准权委派给你或其他人。

最重要的是在这个问题上的沟通。在提高效率上，上司比你更有兴趣。一旦发现这方面的问题，她应该会立刻着手处理的。如果她不愿意谈论这个问题，考虑一下换个工作吧。一个不愿改正的瓶颈上司是你事业发展上的障碍。

你在这个问题中扮演的角色

我们都很容易取笑上司的缺点和抱怨他浪费我们的时间。但是，要看到自己的做事方式也在浪费上司的时间则要困难得多。要记住，上司对于控制时间跟你一样在意。不妨照照镜子看看自己是如何浪费时间的。

避免不必要的要求

有时候，你和下属本来不需要上司的帮助也能完成任务，但你是否还常常让上司介入你的工作呢？在一篇经典的文章“管理你的上司”(Managing Your Boss)中，约翰·加巴罗(John Gabarro)和约翰·科特(John Kotter)说：你的每个请求都可能浪费掉上司的很多资源，这些要求同样也可能耗费掉你的上司本就有限的资本，所以尽量不要为了那些微不足道的事情去向上司提那些不必要的要求。有的人并不在意这个建议，加巴罗和科特就举了这样的例子：

> 一个副总裁花了很多时间去找他的上司，要求他解雇一个其他部门里爱管闲事的秘书。上司不得不照做。这自然引起了那个部门领导的不满。后来这位副总裁在处理一些重要问题时遇到了困难。他把筹码都花在了那些微不足道的事情上，在重要的问题上再想去和上司沟通就很难了。[1]

别把问题推给上司

如果你有下属，千万不要允许他们把问题推给你。不然的话，他们就有可能每隔 15 分钟在你办公室里出现一次："我不知道该怎么做了。你能帮帮我吗？"没有效率的管理者会把下属的问题变成自己的问题。这些管理者最终会认识到自己的工作时间不断延长，以致最后超过负荷，而下属却由于无事可做而不知道怎么打发时间。

帮助下属是管理者的工作之一。有效率的管理者会给下属一些建议以及他们需要的资源来帮助他们解决问题。但必须确保一点，那就是问题仍然属于你的下属，而不属于你自己。

现在检查一下自己的问题。你有没有把问题向上推给上司呢？如果有，你也在浪费上司的时间。

配合上司的工作方式

另一个避免浪费上司时间的方法就是理解并配合他的工作方式。有些执行官坚持向下属要各种信息和细节的分析，哪怕只缺少10％的信息，他们都很难作出决定。这是他们的方式。另外一些人则坚信自己的经验和直觉，不需要什么数据就能作出决定。有些管理者是阅读者，而有些则是倾听者。

你知道你的上司是怎样工作的吗？他是想要你刚刚堆到桌上的山一样的表格和分析呢，还是更希望你通过简短的对话把事情概括出来呢？了解你的上司是如何处理信息、召开会议和作出决定的，就可以帮助你们省下不少时间。

在工作上，你和上司是互相依赖的。相互的依赖使得你们很有必要建立起良好的关系，并学着一起有效率地工作。记下上司是如何浪费你的时间的，根据本章的建议来改变一下情况。然后审视一下自己，尝试去寻找一种方式让自己成为一个更有效率的合作者，把上司和下属联结在一起。

小　　结

➢ 很多上司都会在不知不觉中为下属制造浪费时间的障碍。

当下属没有准确地理解他们的目的时；当他们没能指出明确的方向时；当他们让下属参加那些没有结果或者毫无必要的会议时；当他们在工作进程中制造了瓶颈时，障碍就产生了。

- 如果上司没有清楚地讲出你的个人目标，那就与他就这个问题进行讨论。把这些目标具体化并确定衡量方法，然后记录下来。
- 上司没有给出适当的方向和示范是导致时间浪费的罪魁祸首。
- 没有意义的会议浪费了很多时间。上司应该为有效率的会议建立相应的标准。他们召开的会议应该有很好的组织，按照紧凑的议程来进行，与会的都是应该参加的合适人选，并且最终能够作出决策或者完成任务分配。
- 瓶颈上司就像是工作流程的积压点，使工作倒退。这大大浪费了那些等着完成工作的员工的时间。

7 属于自己的时间

7 属于自己的时间

——掌握工作和生活的平衡

本章要点

- 目标是个人时间管理的出发点
- 将高优先度的目标列入时间表
- 调整你的生活以获得更多时间
- 处理好个人承诺
- 健康在个人时间管理中的角色
- 平衡工作和生活的关系

把家当成工作之后的避难所是一件很诱人的事情。想象一下这样的场景：一个人在一整天漫长的工作之后，筋疲力尽地走进家门。他把手提箱放在屋角，挂上外套，倒上一杯红酒，然后坐在沙发上。果真能够这样吗？问题就在于：总是有太多事情要做，却没有时间去休息。难道不是吗？

不幸的是，家并不永远是和平的港湾。特别是对那些有孩子的双职工家庭，只能利用有限的时间去做太多的事。与孩子的感情和很多私人关系都需要花时间去培养。而社会责任感又促使我们为校董会服务或参加乡镇政府和附近社区的社团。于是你自己对于音乐、文学和体育的兴趣就只能被忽视了。这是一个需要填补的空白。

在美国,那种美国式的延长工作时间的方法或是在家里继续办公的工作使得时间上的短缺更为严重。在《超负荷工作的美国人》(*The Overworked American*)一书中,经济学家朱莉娅·肖尔(Juliet Schor)指出,美国人的工作时间在延长。根据她的计算,在过去的几十年里,美国人的平均工作时间每年增长九小时。[1]额外的九小时听起来不算多,但它们在逐年累加,并且直接占用了人们本应用在家庭和个人事务上的时间。

很讽刺吧?世界上最富有国家的人在时间上却是赤贫的。美国变得越繁荣,人们就要工作得越多。20世纪90年代末,美国的加工业工人每年要比欧洲同行多工作320个小时。欧洲的新员工可以得到一个月的带薪假期,而美国的新员工能拿到10天带薪假期就要谢天谢地了。

肖尔的研究完成于20世纪90年代末,那正是笔记本电脑和电子邮件蚕食人们生活的时期。所以你可以把人们在家工作的时间,晚上、周末和假期里回复电子邮件的时间都加到她的数据上。这些通讯上的便利已经把家变成了卫星办公室,私人时间也都用来工作,因为办公室里的那几个小时根本不够用。

你已经知道了应该控制工作时间。但是如果不控制工作以外的时间,你也不可能真正控制时间。生命中这两个方面你都需要控制。本章介绍了"后方"(家庭)的时间管理概念,提出了一些观点,以便让你的个人生活更有效率、更充实。

确认并优先考虑你的个人目标

本书的前几章为你的工作提出了一个具体的时间管理方法。它们促使你按以下几个步骤进行：

1. 清晰地说出关键目标和使能目标。
2. 把这些目标优先排进你的所有任务中。
3. 用一个日志来监督自己当前是怎样利用时间的，看看那些不重要的活动如何占用了本该用在重要事情上的时间。
4. 把优先任务列入时间表，给那些意料之外的事情留出足够的时间。

这个方法既不困难也不复杂。所需要的只是这样做的意愿，它往往是由这个简单的认识延伸出的："我的问题是我不能控制时间，是时间在控制我。"

你可以用同样的方法来控制你的个人生活。和工作一样，也应从目标开始。你最高的个人目标是什么？回答这个问题所需的时间可能比回答工作目标问题的时间要长得多。那是因为工作目标早已在工作过程中烙在你的心里了，而这绝不可能发生在个人生活中。因为个人生活目标需要更多角度的思考，而你生活中其他一些重要的人的意愿、喜好也可能会影响到你。没有一种工作简介是教你如何成为一个家长、配偶或是朋友的。上司也不会提醒你说："今年你必须做——。"除非你是极个别的那种有私人教练或有教练一样的朋友的人，否则没有人会跟你谈论你的目标以及你该怎样去实现它们。因此，大多数人都不会有意识地去安排、利用自己的时间。他们不把时间分配到相应的具体目标上，相反，他们根据出现的问题和机会来应对时间上的需求。

在读下去以前，你应该先做好下面三件事：

1. 明确你的个人目标。简明地写下对每个目标的描述，就像这个例子一样：

> 在接下来的12个月里，我希望可以掌握吉他演奏并可以演奏费尔南多·索(Fernando Sor)的作品以及有同样难度并有较高艺术价值的作品。
>
> 我希望今年可以花两周时间和子女以及他们的伴侣一起出游。包括去苏格兰丘陵远足，在湖边马车里举办一个家族典礼或其他类似的活动。
>
> 我希望每周末有四到五个小时的空闲时间去参观博物馆、钓鱼或是做其他一些有意思的事情。

2. 确定目标的优先权。你可能没有足够的时间分配给这些目标，这意味着你必须要按优先程度进行排序。因此在刚才那个例子中，他必须把和孩子出去度假两周放在最优先的位置，然后才是常规的音乐练习。每周留出四到五个小时来充实自己，是个很不错的目标，但不应是你最优先的个人目标。

3. 决定要实现最优先的目标必须要做的事情。在很多情况下，你不得不对工作作一些改变来实现个人目标。

不断反省的人生

在《对话录》(*The Apology*)中,通过与苏格拉底(Socrates)的谈话,柏拉图(Plato)告诉我们一句非常重要的格言:“不进行自省的人生是没有价值的人生。”柏拉图劝告我们在一生中不仅要关注如何去做,还要不断反省自己如此去做的目的和意图。

你的目标是什么?它们是否与最基本的价值观一致?你是否曾经就此深刻地思考过?如果你对最后一个问题的答案是:“没有。我从来没有思考过我的人生目标。我忙于努力做好不得不做的事情。”那么,现在是时候开始考虑什么对你是重要的了。如果你不去考虑这个问题,那么在你知道答案之前,时间就会悄悄地溜走,你就无法接近那些你真正认为有价值的事情。

这里有一个找到答案的方法:空出两个小时不去做其他任何事情,只是思考你未来三到五年最想做的事情。找一个安静、没有什么能够分散注意力的地方,准备一支铅笔和一张纸,记录下你的想法和结论。在接下来的几周内不断修改你的结论——作出调整并进一步明确它们。与了解你的人,比如你信得过的朋友、亲属或者爱人,一起讨论你的结论。重复上面的步骤来回答另一个问题:“为了达到我的人生目标,我要在工作和个人生活中作出哪些改变?”

给重要的事留出时间

在明确了你的个人目标并确定相应的优先权之后,要在时间表上为这些事留出时间。比方说,最重要的是在接下来的六个月内找时间和孩子们出去玩上两个星期，那么就给它安排出时间来。和孩子们讨论一下出游的计划，大家在去哪、什么时候去玩的问题上取得一致，然后在你的日程表上留出这段时间。怎么？你选的这段时间和你答应要参加的希拉的五十岁生日宴会冲突了？如果你没有办法再找出别的时间去度假的话，就向希拉表示抱歉和遗憾，你不能参加她的生日宴会了。因为宴会并不是优先的。别让一些不重要、甚至是很紧急然而并不重要的事情来占用你留给真正重要的事情的时间。

同在办公室里一样，别把你的私人时间安排得太过紧张，以至于连应对一些意外事件的时间都没有。在你的日历上留出一些空间。本书前面曾提到过，如果你还没留出时间的话，建立一个日志记下你是怎么利用时间的。写下你下班后到睡觉前所做的一切，即使周末也作同样的记录。然后等你回顾日志的时候，你就会发现自己曾在不重要的事情上浪费了多少时间。

整理私人生活

日常生活中的琐事、各种承诺以及私人关系都会消耗时间。有些值得，但有些并不值得。如果你可以从以上这些没有太大价值的事情中抽身出来，你将会有更多可以支配的时间。

清除浪费个人时间的因素

找到并清除那些浪费个人时间的因素是十分有益的事情，那些省出来的时间可以用在你真正想做的事情上。你可以利用以下的技巧来额外获得更多的时间：

➢ 每一次做更多的事情。你是不是一周去三次超市？聪明的饮食计划能够帮助你省下其中两次，你就可以每周节省出一到两个小时。

➢ 把你的各种出行活动合并起来。如果行动日志显示你和其他家庭成员分别去超市、干洗店或邮局等地方的话，可以把你们的出行合并一到两次。多花几分钟时间去计划和协调一下，这样你可以每周省出好几个小时。

➢ 少看电视。看电视是会上瘾的，尤其是那些独居的人。大部分的电视节目质量都很低，而且商业频道有三分之一的时间是在闪电式地播放广告。把电视节目的价值和个人目标的价值作个对比。是不是不需要对比呢？彻底放弃电视吧。同样去想想上网吧。其实上网也可以和看电视一样让人上瘾。

➢ 利用订购目录或者互联网购物。有些人花整个下午开车去购物中心，在无数的商店间流连，永远找不到他们想要的东西。在很多案例中，他们可能已经通过寄到家里的目录或在网上花了不到半小时就找到了想要买的东西，而这个下午余下的时间就都属于自己了。

➢ 外包。心脏外科医生从不会把有限的时间花在修水管或刷油漆之类的事情上。原因很简单：他们可以雇佣有专业技能的人更快更好地完成这些事，而且经济实惠。每个家庭都可以这样请人来做，又经济又方便。你们家呢？

减少家里东西的数量

不管你有没有意识到，拥有的东西也在消耗你的时间。算一下花在整理房子、汽车和居家用品上的时间，甚至连那些不需要保养维护的东西都需要你的关注，比如堆在厨房台子上的音乐CD，或是收藏的小雕像，可能它们只是因为会挡路或需要清理。有些人觉得他们的个人生活时间因为扔掉了一些不必要的东西而得到了延长。他们不用再担当看管者的角色，这样就为其他事情留出了时间。想想怎样清理家里的东西吧，然后给你认为有价值的事情留出时间。

清除杂物的技巧

- 别再买东西了。离购物中心远一点，不要再无休止地买、买、买了！
- 如果发现了确实需要的东西，先不要买，等到你把家里的东西再利用、卖掉或是扔掉以后再说。
- 每隔一段时间，拿一个空纸箱在家里巡视一圈。把那些已经有一段时间没用过并且短期内也不会用的东西放进去。在箱子上贴上标记，写上日期以及里面放的东西。把那个箱子放到储藏室里。等到一年以后，把箱子里没有重新用过的东西都扔掉。如果在过去的一年里你完全没打开过这个箱子，那就把这个箱子整个扔掉。
- 定期把那些对别人来说更有用的东西送掉。这既可以清除掉东西，也让你感觉很好。

驾驭承诺

承诺也会侵吞时间。我们每个人都对市民团体、朋友和家人有承诺。你可能会向教堂承诺去参加一年一度的募集活动，或是承诺邻居在他们去法国南部过冬的那段时间每周帮他们的花浇水。承诺是把家庭和社会联系在一起的黏合剂。但是很多人都会不假思索地应承一些占用自己时间的事，这和第四章里提到的超负荷工作没什么两样。

根据可用的时间把承诺要做的事情排列好，定期回顾一下你承诺过的这些事，看看它们是不是都还值得去做。问自己以下几个问题：

- 我的承诺是否对我和其他人都有价值？
- 我获得的收益是否和我给别人的价值相当？
- 如果不实践承诺是否会伤害到什么人？
- 如果不做这件事我可以省下多少时间？

人际关系是承诺的一个组成部分，同那些对社会团体和其他组织的承诺一样，人际关系也会侵吞时间。人们希望在人际关系上花时间是值得的，因为人际关系是让我们获得满足的最重要来源。然而经验告诉我们，并非所有的人际关系都是值得我们花时间的。在付出与获得不平衡的关系里，这一点尤其正确。那种充满了冲突或者不健康、不正常的依赖性的关系也是不值得花时间的。这种关系会耗费掉很多时间和精力，却没有什么有价值的东西回馈给你。

所以，定期评价一下你的人际关系，看看哪些需要加强哪些需要削弱，还有哪些应该终止。等你从这种不令人满意的关系中解脱出来的时候，整个人都会觉得轻松了，并且有更多时间可以花在那些健康并让人满意的关系上。

保持良好的精力

有些人，特别是一些老人，有大把的时间却干不了什么。主要原因是他们没有精力去做自己想做的事。这种怠惰的情况在一些肥胖或有健康问题的年轻人中也同样存在。

你的精力水平如何？你有没有觉得午饭后很没精神？下班后是不是累得什么都不想做了？你是不是下班回到家，吃过晚饭就整晚都在看电视？如果是这样的，那么你也缺乏利用已有的时间，或是通过时间管理获得的额外时间来做事情的精力。

最好的矫正方式是通过长期锻炼来提高你的身体机能。比如健康节食并辅以力量和耐力的训练。可以先从医疗检查开始。和其他人相反，那些适量饮食且外形匀称的人可以保持更好的精力和耐力来完成他们的目标。他们可以工作得更久更卖力，也不会像那些不够健康并增加额外工作时间的人一样给自己带来那么大的影响。他们可以让这些额外的时间更有活力。现在开始还不算太晚。研究显示，连老年人都可以提高健康水平、增加肌肉强度。

寻求工作和生活的平衡

本书一直把工作和工作以外的世界当成两个独立的没有关联的方面，在每个方面里的目标和时间问题上也都分开来表述。有些人觉得工作是甩不掉的恶魔，他们只能从工作上获得物质奖励，却永远得不到个人满足感。

当经济体系中的大部分工作都是基于那种单调、重复的工厂工作时，雇员对于工作地点产生疏远的态度成为这种经济体系的一个重要的特点。然而在后工业化的西方社会，经济体系已经很大程度上依靠以服务为基础的和以知识为基础的工作来驱动。这两种工作都要特别需要雇员个人的技能、判断能力和创造力。因此，对很多人来讲，对于工作地点疏远的态度已经被高度参与的工作所削弱。即使在工厂的组装线上，工人们也经常被授权制订生产计划、自行处理质量问题并对生产出来的产品负责。因此对于很多人，这种程度的参与决策产生了一种个人满足感。而这种满足感又使工作与生活的传统界线变得模糊不清并由此产生了一个新的问题：我们是否能够很好地协调生命中两个重要的组成部分——工作目标与生活目标。

在美国 2000 年到 2002 年的经济衰退以前，工作和生活的平衡是最热门的商务话题。关于这一话题的书籍和杂志多到难以计数。尽管在之后的几年里因经济衰退导致的失业带来了很大的影响，这一话题却仍然存在。有两方面的原因：第一，很多公司在一般的工作日里把多到难以完成的任务堆到员工头上。员工必须早来、晚走或把工作带回家。更糟的是，每周还要离开家人和朋友三四天去出差。其必然结果就是个人目标和人际关系受到影响。简单来说，就是没有时间来处理个人事务。

第二，工作和生活的平衡对于保持员工的满足感和忠诚度都是很重要的。公司帮助员工寻求工作和个人目标间的平衡可以留住很多高素质员工。有些公司希望雇佣技能娴熟、教育程度高并且喜欢有很多工作选择的人才，对他们来说，这一点尤其重要。

福特基金会(Ford Foundation)的一项研究综合了其他研究者在这个问题上的发现："通过重组工作方式来协调家庭与工作的关系，可以带来积极的双赢结果——一个有利于自我发现的工作环境把员工的需要考虑进来，可以达到极佳的效果。"[2]如果这是正确的，那么员工和公司都会在工作-生活平衡上存在一定的利害关系。工作和生活的平衡不只是"感觉不错"那么简单，它意味着更高的员工满意度和更低的员工流动率。

你对你的工作-生活平衡的满意程度如何？工作有没有占据你实现重要个人目标的时间和能力？如果是，翻到第八章，看看你和你的公司应该怎样达到令人满意的平衡。

小　结

- 同工作中的时间管理一样，个人时间管理也应从目标开始。

然而大多数人并没有下意识地去利用时间，只是在发现问题后仓促应对。

- 和工作日志类似，建立一个活动日志记录自己是如何利用那些非工作时间的。
- 通过减少看电视的时间、合并出行、网络或邮寄购物等获得更多的个人时间。
- 把部分家务琐事外包出去，是更经济有效的方式。
- 有些物品消耗你的时间和注意力，清理掉这些不能为你的生活增值的东西。
- 承诺是家庭和社区生活的重要元素。将承诺列入时间预算并定期回顾，看看它们是否还有意义。在人际关系方面也这样去做。避免、减少或终止那些不让人满意的或者没有价值的承诺以及人际关系。
- 健康的体魄可以让你有耐力和精力持久地工作。如果你不够健康，就应该在这方面作些努力。
- 工作和生活的平衡是永远存在的话题。那些帮助员工获得满意的工作-生活平衡的公司可以得到更高的员工满意度和更低的员工流动率。

8 公司可以提供哪些帮助

8 公司可以提供哪些帮助

——对于改进员工时间管理的想法

本章要点

- 通过科技手段减少出行的时间和费用
- 控制在展示中花费的时间
- 帮助员工通过协调工作-生活平衡来扩展可支配时间

实现有效的时间管理的责任直接落在公司里的每个职员、经理和高级经理人的肩上。因为那是他们的时间,而时间就是每一个员工为了得到薪水和福利回报才出卖给公司的“产品”。在他们可以支配的时间里生产率和效率越高,员工们所能得到的回报就越多。

尽管有效的时间管理最终是这些职员自己分内的职责,每一个公司对于促进职员提高时间的利用效率仍然表现出极大的兴趣。实际上,公司确实可以做一些事情来给予员工帮助,本章将会谈论到其中的三个话题。

通过科技手段减少旅行时间和费用

为了工作而出行是必要的，但是正如本书之前所说，即便是必要的旅行仍然造成巨大的成本，这些成本是通过时间和金钱来衡量的。请考虑一下你和同事在从一个商务目的地到另一个目的地的路途中花费的时间，以及在这些行程中所需要的餐饮住宿等费用。在个人休假旅行中，可以通过简单地削减不合算的旅行路线或者增加有边际效益的旅行路线来节省旅行的时间和费用。同样，如果将科技手段作为商务出行的替代品，这种在个人休假旅行中节省成本的努力也可以发挥在公司里。

自从航空邮件和长途电话诞生以来，人们就不断地尝试通过这两种手段来减少商务出行。然而，除了这两者之外，直到 20 世纪 80 年代都很少再有更大的进步。此后，视频会议以及更晚出现的网络会议使我们不需要为出行而支出时间和花销就可以完成业务。视频会议技术可以有效地用于开展培训、销售演示、面向全公司的讲话、传播最近关注的焦点，甚至对于危急情况的控制。不足的是，这项技术要求专门的设备，并且通常需要在特殊装备过的会议室内进行。

虚拟视频会议正大受欢迎

商务出行越来越成为员工的一种累赘，“9·11”恐怖袭击以来，美国实行更为严格的安检措施，出入机场的时间大大延长，这使得长途飞行的旅客叫苦不迭。接下来SARS疫情肆虐，每位乘客不得不担心“在我旁边咳嗽的这个人不会是SARS病毒携带者吧?”

这些出于安全的考虑和新兴信息技术的面世使视频会议和网络会议越来越流行，并且相比于传统的面对面的会议十分有竞争优势。英国的一家研究机构Wainhouse在2004年开展的一项调查显示了新技术和新媒体的普及性和受欢迎程度。调查表明，相对于2001年，2004年面对面的会议减少了12个百分点，而同期视频会议的次数翻了一番，同时包含有音频传送和图像显示的网络会议技术在2003年到2004年之间就增长了40%。

资料来源：“Being There,” *Economist*, 15-21 May 2004, 63.

网络会议也可以实现相同的功能，但是对于设备和房间没有那么严格的要求。网讯公司(WebEx)在这个领域独占鳌头，微软公司的实况会议系统(LiveMeeting)也不甘落后。网络会议确实既节省时间又减少费用，正如巴伦(Barron)的报道中所说，在使用了网络会议技术之后的头两年里，艾默生电气公司估计共节省了六百万美元。[1]通过这种技术，两个人可以阅览和共享文档，也可以借助于摄像头实现面对面的交流。这些特长使得网络会议技术成为一种最重要的节省成本和时间的工具，被应用于召集会议、培训、产品展示以及集合起分散在世界各地的项目成员。

不少公司使用视频或网络会议技术在减少出行费用的同时保持联络。一些大的机构，例如戴尔、安永甚至美国海军，它们的常规培训都是通过在线培训来完成的。除了上述好处之外，在线培训使得员工的学习能够全天候开展，几乎随时都可以进行。这样一来，员工不需要为了一项培训错过其他重要的日程，也消除了工作-生活之间冲突的一个来源——他们不再需要为了培训而舍弃本应在家享受的时光。当然，在线培训并不会完全替代传统的在教室中进行的现场讲授，但是它确实已经占有一席之地，许多公司正越来越多地信服并依赖在线培训。

为了替代物理性的出行，节省时间，你的公司做了些什么呢？如果刚才提到的技术都还没有用过，那么现在是时候了。从以下几点开始：

- 了解视频或网络会议可以发挥的能力。
- 分析视频或网络会议技术公司可能的应用，例如，在一个地区分布遥远、散乱的项目组成员之间开会。
- 把信息技术部门的员工召集起来，构建出一套测试性的网络会议系统。
- 小范围内推广使用这个测试性的网络会议系统。
- 在所有员工中推广应用。

这种形式的通讯手段可以节省公司在出行上的时间和花销。然而，就像电子邮件和电话一样，这些新技术并不能完美地等同于真人面对面的沟通交流。面对面的交流对于建立信任和企业发展至关重要，所以请谨慎地使用这些技术，它们并不能完全替代商务出行。

注重演示图像的简洁

对于促销团队、员工群体和最高管理层来说，演示是公司里的常规性项目。过去，人们利用手写的包含有数据和图片的大幅挂图向观众进行展示。后来，随着悬挂式投影仪的普及，利用手绘的幻灯片，讲演者可以更加自如有效地进行讲演。虽然科技含量低，却十分有效，并且几乎不需要很多时间去准备，从而允许讲演者集中精力把宝贵的时间花在要演讲的内容上。

这一切被信息时代的新技术改变了，今天，像无处不在的PowerPoint这样强大的幻灯片软件回报给企业管理者和员工的是宝贵的时间，因为他们不再需要像过去那样辛苦地制作意义不大的图片，不需要浪费时间去更改和试验字体及背景颜色以求得到最好的观看效果，可是仍然可以达到给观看者深刻印象的目的。但是我不得不说，对于外部投资者、顾客和其他的外部群体而言，一套精心准备、外观专业的电子幻灯片的确非常重要，然而，在企业内部，它就没有那么重要了。

耶鲁大学荣誉教授、评论家爱德华·R. 塔夫特(Edward R. Tufte)曾指出，在准备电子幻灯片上花费过多的心思，“将会使真正的内容受到干扰和重点不鲜明”[2]。在大多数时候他的指责很有道理，过分关注于幻灯片是对人力资源的浪费，公司需要做点事情来宣传一些常识性的规则以规范幻灯片的制作。

不幸的是，没有哪个大胆的经理会单方面地阻止员工们的幻灯片竞赛，这也正是时间管理需要涉足的地方。管理者应该坚持主张内部使用的幻灯片一定要简单，其形式不应该凌驾于内容之上。这种主张将节省员工很多的时间。一点点关于幻灯片制作的培训就足以在每个员工心中强化管理者的态度。

促进工作-生活的平衡

不少人总是觉得在工作之外他们就没有时间去处理个人的重要事情，也许你也是这些人中的一个。究其原因，很多时候都是因为工作日太长，还有不少需要带回家的任务，假期也被分割得零零散散，有时还需要出差旅行，甚至周末还会收到老板的电子邮件。

人们在不断地与对他们个人生活的无情侵蚀作斗争，并试图寻求工作和生活中的平衡点。但是单靠他们自己是成功不了的，他们的领导必须要配合。已经有一些公司了解到这一点，并开始采取一些措施来帮助员工达到这一平衡。这样做会提高员工的满意度，对工作的持续热情和吸引更多的新员工加入，这都是公司能够得到的回报。

初看起来，你会认为对于工作-生活平衡的每一次让步都会表现为减少了公司的利润，比如你可能会想，如果公司为了使员工有更多的时间在家里而减少长途商务旅行，那么员工与项目组在异地的其他成员的协调和跟客户的交流将大受影响。但是事情并不是那么悲观，斯图尔德·弗里德曼(Steward Friedman)，佩里·克里斯滕森(Perry Christensen)，杰西卡·德格鲁特(Jessica DeGroot)发表于《哈佛商业评论》的一篇文章解释说，工作-生活的平衡不一定是一个零和的博弈：

> 我们观察到，为数不多但是数量正在增加的一些管理者已经认识到工作和生活并不是互相冲突的，而是可以互补的一个整体，很高兴看到他们已经在这种新思维下运作企业了。本质上，他们采纳了一种双赢的逻辑。事实证明他们是对的，在这些案例中我们已经发现他们的新方法对于公司和员工个人都产生了数目可观的回报。[3]

这几个学者给出了几点用于打破零和模式的原则。

1. 确信员工们清楚地了解公司事业的优先度，同时也让他们知道个人生活同样重要。公司的工作一定要完成，工作-生活平衡不应当成为耽误事业的借口。要合理地分配任务和安排进度，公司里每一个人都要得到适合他们的业务。
2. 认识到每一个员工都是“完全人”，支持他们在工作之外的人生角色。只有当管理者了解到这一点并且显露出对员工工作之外的表现的关心之后，工作和生活的冲突才能够很好地解决。
3. 不断地试验怎样才能完成工作。明智的管理者知道要定期思考一下工作进程，并为提高效率和效力重新进行安排和设计。这种重新思考和安排的过程是为了工作和生活都更美好而进行的，更加平衡的工作和生活反过来又会促进这项试验的成功。

接下来的几节介绍了公司和员工正在进行的寻找工作-生活平衡点的实践。包括远程工作、弹性工作制和一系列帮助公司员工节省时间的窍门。

远程工作

远程工作也就是员工在常规工作地点之外进行工作，远距离通讯和因特网技术大大提高了人们开展远程工作的能力。国际远程工作协会(ITAC)对于远程工作的定义是：借助于远程通信手段使员工完成客户的一切需要，不管客户的需要来源于家中、远程电信中心、卫星通信终端、机场候机厅、宾馆客房、当地的星巴克咖啡厅，或者是仅仅在你工作的同一办公楼10层楼下的一位同事。[4] ITAC估计在2001年就已经有两千八百万美国员工加入到远程工作中。

达到工作-生活平衡点的方法

下面给出几点建议，使管理者能在员工和公司双赢的情况下帮助员工实现工作-生活的平衡：

- 管理者要更加关注员工的工作成果而不是工作过程，以及完成的时间和地点。比如，今后你可以这样对员工说："我希望你从现在开始作一项调查，并在三月中旬之前交出一份详尽的报告。在开始这项任务之前请先草拟一份计划。"
- 从员工的角度进行思考，了解他们。他们是不是有其他的社会责任？是不是有年幼的子女或年老的父母？员工有没有业余爱好或者艺术特长？他们是不是还有对公司有利的技能？很多年前，著名的霍桑（Hawthorne）实验发现，管理层对员工个人爱好的关注对于提升士气和激励员工有积极的作用。

- 管理人员要鼓励员工发掘新的更好的方法来实现他们的职责。比如营销经理和生产部门的员工发现在视频会议设备中投资 5 000 美元就可以在每年的商务出行开支中节省 15 000 美元，并且节省了大量的旅行时间，使员工可以在家里有更多的时间陪伴家人。过去在下午四点开会常常会拖到晚上六点半，导致员工回家太晚而误了晚饭。如今，管理者认识到将会议改到中午就可以解决这个难题，从而能够完成任务还能准时回家。

有支持者指出，远程工作能够给公司带来可以衡量的成本削减和更多的收益，包括：较低的办公成本，较高的员工生产率，员工对于企业更加忠诚，对于工作更加满意，以及较低的人事变动和跳槽。与此同时，开展远程办公的员工表示这样有助于他们平衡对工作和对个人生活的责任感。他们说如果可以一周有几天在家里办公，他们就可以显著地切断现代都市生活中的时间流失源头——通勤时间。节省下来的时间，员工可以用来实现个人生活中的追求。在家进行远程办公也可以让为人父母的员工在家里等待子女放学归来，陪伴孩子对于工作的双亲来说是一件十分重要的事情。

美国电话电报公司（AT&T）自从 1990 年以来大规模地推行远程工作模式，2000 年对该公司 1 238 名管理人员的一项随机调查显示出远程工作对于企业和员工的积极效果和良好收益：

- 远程工作者实际上在工作中投入了更多的时间。受调查者表示他们至少能每天多工作一个小时，这相当于每年多工作 250 个小时或六周，甚至更多。而这都是从往返于家和公司之间的通勤时间里省下来的。

- 远程工作更加有效率。AT&T 有 77%的远程工作人员称，他们在家里可以比在公司完成更多的任务。
- 忠诚度增强。在收到过 AT&T 竞争对手邀请的受访者中，67%的人表示他们拒绝了邀请是因为那些公司不能像 AT&T 这样远程工作。
- 66%的 AT&T 管理人员表示更容易吸引和留住优秀的员工。
- 自从推行远程工作以来，77%的员工对工作更加满意。
- 更容易达到工作-生活的平衡。83%的员工对于开始远程工作之后的生活和工作都更加满意。

由于全职的远程工作者不需要公司的办公空间和停车位，AT&T 的报告还宣称他们每年从办公场所的租金中节省了 2 500 万美元。[5]

这些重大的发现并不只在 AT&T 才有的，你的公司也可以做到，但是请在采纳远程工作模式之前考虑几个问题：

- 什么工作适合于远程工作？
- 法律、规章制度、保险和技术问题是否已经解决？（例如，证券经纪人不能在没有监督的工作地点办公。）
- 怎样监督远程工作人员才能保证他们对工作确实负责？
- 员工会不会担心因为远程工作而影响升迁和其他提升的

机会？

尽管这些好处是很明显的，远程工作也不完全适合每一家企业或每一个员工。在《哈佛商业评论》的一篇文章中，马龙·阿普加（Mahlon Apgar）对于这个问题的解释是公司只有在具备下述条件时才最适合开展远程工作：

- 开始一套崭新的运作模式；
- 从工业性质的企业变得更加信息化；
- 工作是动态、非层级化、技术先进的；
- 非命令驱动性的；
- 愿意在远程工作所需要的工具设备和培训上投资。[6]

远程工作同样需要公司管理者和监督者的适应。总之，如果员工没有被置于有效监控之下，经理如何能够知道下属是否在努力工作，还是在观看"欢乐单身派对"？大部分专家对于这一问题的补救措施是建议管理者更关注员工的产出而不再是像过去那样关心他们工作中的表现。这意味着为每一个员工设定一个明确的目标，确保他们明白了各自的目标，并建立一套监督体系可以在短时间内考察员工的成果。管理者同样需要保持这些远程工作人员的组织性和集体意识，否则他们将成为一盘散沙，缺乏集体意识和团队精神。

远程工作可以帮助你找回在通勤中损失的时间，并用这些时间从事个人生活中的事务吗？它将会使你在工作中的表现更加出色还是带来不便？它是否会危害你升职的机会？这些重要的问题都是你必须要回答的。

远程工作的适用范围
你是否适合远程工作？如果下属请求你允许他们在每个周五的时候回家工作，你会怎样想？AT&T 给出了一项容易实行的测评方案，用于检测员工是否适合远程工作，这项测评主要从四个角度衡量： 1. 必要条件是否满足。员工的工作技能、经验、产量、工作质量等。 2. 工作技能是否合适。是否有能力编制项目计划并出色地进行管理，制定工作目标并稳扎稳打地实现目标。 3. 职务的风格。远程工作适合那些不需要或很少需要监督就可以独立工作的职务。 4. 态度因素。员工是否愿意尝试新事物，对于远程工作是不是有积极的兴趣。 这些测试有助于员工发现自己的强项和弱点，在开始远程工作之前要扬长避短。

资料来源：www. att. com/telework/get_started/gs_perscr. html

弹性工作制

灵活的工作日程是公司可以采纳的另一种帮助员工实现工作-生活平衡的机制，它允许员工突破“朝九晚五”、每周五个工作日的束缚，甚至可以在照顾子女或老人的同时开展工作。

很多人喜欢弹性工作制，这是 1993 年德勤会计和咨询事务所在调查了它的专业员工之后得出的结论。80％的受访者表示需要在工作时间、地点和方式上有更大的灵活性。作为积极的回应，德勤第二年开展灵活工作制和更长的产假制度。到 2000 年，这两项制度估计各惠及 900 名专业职员。[7]

很明显，这项制度有助于留下专业职员，德勤 80%左右的正式员工（约 720 人）反映：如果不是因为这项制度，他们也许早就离开了。粗略地估计一下，如果这 720 人辞职，那么德勤为人事变动要付出的代价将大于 8 100 万美元。而员工愿意留下来正好说明他们喜欢弹性工作制。

家中工作时间管理上的建议

每周能够在家里工作几天的人免除了来往于家中和公司路上的漫长无趣的时间，得以用省下来的时间有效率地工作。这样下来每天可以多工作一到三小时——很大的收获。

然而，不是所有人都认为你在家里做的是严肃的工作，他们虽然毫无恶意，却会干扰你的工作，家人会认为你既然在家里就应该分担一些家务。他们可能会说在"既然今天你在家，就帮我取出洗好的衣服"，或者"萨拉(Sarah)姑姑下午两点要去看牙医，你去载她一程"。所以你要重视在家工作的严肃性，注意效率。否则，如果不注意利用这省下来的时间，不能保证自己在家里的工作时间免受干扰，那么这段时间虽然没有浪费在路上，却同样浪费在家里了。

为了解决这类问题，我们给出一些对策：

- 即使在家也要保证规律性的工作时间，并且请家人尊重你的工作时间。可以组织一个家庭会议讨论这个问题，让他们明白在家里同样也是在工作，同样要保证不受打扰。
- 适当的灵活性。归根结底，灵活性是远程工作、在家工作的最大优点，所以在家的午休时间集中处理杂务琐事是个明智的安排。

> ➢ 为家中的工作单独安装一部电话机。设定转接器将打到公司的电话直接转入你的家中。
> ➢ 在家中安排独立的空间用于工作，最好是自己的一间屋子，这样关上房门你就可以投入地工作了。
>
> 如果依照这些建议做，你从通勤路上省下的时间就不会无端被耗费了。

下面列举一些典型的弹性工作制的组织方法：

➢ **推迟工作时间**。例如改为“朝九晚六”可以使员工在早上开车送子女上学。

➢ **季节性工作时间安排**。例如，税务工作者在一月份到四月份实行每周 60 小时工作制，为的是配合每年报税的截止日期。而在一年的其他月份，以减少工作时间作为补偿。

➢ **压缩的工作制**。例如一个电脑工程师为了在周末的才艺表演上一展身手，可能在周一到周四就完成 40 小时的工作，剩下周五来排练他的拿手项目。这样一举两得，既满足了工作的要求，也实现了个人追求。

很多职员喜欢弹性工作制，特别是那些 50 岁以上的老员工，对于他们来说，生命看起来不多了。要在不多的时间里做更多的事情，个人生活的追求就显得高于对事业的追求了。他们开始取笑说“没有人在死前还希望能多花点时间在工作上”。他们开始为实现人生的完整而着想：环球旅行、颐养天年、尽享天伦之乐、谋求老有所乐等等。这些年长的职员选择弹性工作制、周期性休假和不带薪假期来达到工作和个人新的平衡,如果公司希望这些富有经验的老员工留下来发挥余热,就应该采取相应的让他们满意的措施留住他们。

公司提供节省时间的服务

不少公司现在都实施了一些新举措,使员工有机会在上班时间做一些家务,否则如果等到回家才去做这些杂事将耗费不少员工个人的时间。这些举措包括:

- 单位内部幼儿园。往常,员工需要早晚赶赴子女所在的幼儿园,如今在有些公司,员工可以把子女带到单位里面的幼儿园,那里提供白天的照顾。在午餐午休的时间,员工可以去看望子女。高质量的单位幼儿园备受员工的欢迎,也成为公司留住人才和吸引新员工的出色武器。
- 单位内部保健所。你有没有浪费半天多的时间在求医问诊上,即使你所需要的仅仅是一项验血或者治疗咽炎?为了去诊所需要驱车前往,到了之后还要等候,这些都太浪费时间了。软件巨头 SAS 公司为了不使员工将时间浪费在这些事情上,建立了一个单位内部的小型诊所,使得每一个员工都可以享受这项服务。也许实施这项福利制度对于公司来说成本比较高昂,但是一个大规模的单位足以承担起这项支出,并且非常值得。
- 杂务服务。我们可能都需要在下班时间去修鞋、洗胶卷、去邮局寄信或者去干洗店洗衣服，这些都要占用我们个人的宝贵时间。更加普遍的事情还包括回家路上捎带一份可口的晚餐。如果在公司的大厦内就可以解决这些问题，那么节省的时间就十分可观了。其实在公司内组织这些服务项目不一定需要花额外的钱，事实上好多大的公司已经成功实现了这些项目。

上述这些公司支持设立的服务有助于员工达到工作-生活平衡，即使员工的工作时间更长一些都不会为生活中的杂事而焦头烂额。如果你的公司也可以以很少的支出就得到这些好处，又何乐而不为呢？

传授时间管理的原则

假设你已经将本书中关于时间管理的建议牢记在心，并着手去做，你会发现，也许你将节省下10％、20％甚至是30％以上的时间。即使只是节省下10％的时间，你也会惊奇地察觉到你的效率更高了，比以前更加高产了。对于你一个人是这样，那么如果全体同事都这样做的话，整个公司就会有很大的进步。

这样的良性发展将使公司成为一个更高效率而且更富有生气的机构。开会的时间短而且主题鲜明，长途的公务旅行次数大大减少，完成一项任务的时间比以前明显缩短。员工们不再需要在与公司目标无关的琐碎事情上浪费心血，在一天中的几次休息时间里他们就可以完成自己的事情，而不是带回家去做。这些进步的结果将会体现在公司的第一线——每个职员的产出显著增加。

许多公司试图达到这个理想的境界，不少企业是通过外部的管理咨询公司提供在线培训或传统的研讨班，来给自己的高级管理人员和专业职员进行传授。管理咨询公司会有很多不同的培训项目对症下药，那些为高级管理人员开设的课程是完全定制化的，根据不同公司内不同的岗位打造特定的培训内容，为的是与他们的职业特征和奋斗目标相适应。他们提供的课程都强调不同层次上的人做不同的事情，而且人尽其才。

普通职员获得的培训是常规性的课程，大体上和本书前四章一致，包括对奋斗目标的追求、安排任务时考虑轻重缓急、分析每个人的工作习惯和对时间的利用方式，以及消灭无端占用时间的琐碎事情。一些公司还雇用了专职的咨询顾问，给每一个员工提供一对一的时间管理上的指导。只要是人们已经意识到他们在时间管理上存在问题，并且希望作出改进，那么不论哪种培训方法都会很出色地改进员工的工作习惯。

让时间管理成为一种习惯

绝大多数时间管理的培训都在两到三小时的研讨班上完成，讲授者根据自己的经验知道：这门课程里只有小部分才是真正适合每一个人的，而他们所需要的仅仅是传授一种时间管理的理念。

具备了这样的理念,受训者走出教室后就会开始作不少富有时间管理风格的安排。通常他们是这样开始的:首先建立一个工作日志,浏览日志来确认这些事情与奋斗目标的关系。这些举措都是好的,可是大多数人并没有从此改变时间管理的习惯,因为如果短短的培训之后缺乏周期性的强化训练,不久之后,刚开始学到的一点东西就都忘记了。同样的道理,仅仅读过本书也不代表你将永远掌握时间管理的技能。只有不断的强化训练,才能将时间管理的概念深入人心,并由此形成一种习惯。

因此,如果你和你的下属刚刚完成一次关于时间管理的研讨会,请你马上和他们一起将学到的东西用到实际的工作中去。接下来的几点建议有助于你把时间管理习惯化:

- 和其他人交流一下你所学到的和理解的概念;
- 准备一份活动日志,分析你对于时间的安排和利用;
- 思考、讨论你的奋斗目标;
- 制定日程表和任务清单;
- 分析占用和浪费时间的事情来源,找到消除它们的方法;
- 将你所学到的在工作中使用的时间管理方法合理的移植一部分,运用到家庭生活中去。

还有最后一件不得不做的事情就是评价时间管理在你工作中的表现,并想办法进一步改进。这意味着每隔一段时间就客观地分析一下,以一个旁人的眼光看待自己,实事求是地检查自己利用时间的习惯,请思考:

> 你的工作目标是否还重要？
> 你的日程表是不够充实，还是负担过重？
> 你大多数时间是花在关键目标和使能目标上，还是疲于应付突发的、然而并不重要的事情上？
> 你是否已经消除了所有浪费时间的源头？

总结这些答案，制订一套计划，你的工作表现将会更加出色。如果你是一个管理者，请帮助下属更好地利用时间，你从中得到的回报同样会很值得。

时间管理是每个人的责任，但是公司能够帮助员工个人更有效地进行时间管理。本章已经讲述了公司怎样有所作为。真正地实行时间管理将使公司成为更高效和富有竞争力的企业，并最终将竞争对手——那些不懂得利用和珍惜时间的企业——远远抛在后面，令其望尘莫及。

小　结

> 明智地利用新兴的信息技术——比如视频会议和网络会议——作为一部分商务出行的替代品，公司可以帮助员工节省相当可观的时间。
> 视频会议和网络会议技术可以使公司范围的交流、培训、产品演示和项目组成员的同步沟通等事项受益匪浅。
> 没必要花费过多的精力在制作电子幻灯片上，使用何种字

体、配色风格和模板并不是永远重要，内容才是最值得关注的。在内部交流中，幻灯片的形式是次要的，公司应当鼓励员工使用风格简洁明快的幻灯片，从而节省时间。

- 对于员工来说，工作-生活的平衡至关重要。漫长的工作时间，带回家的任务，被工作挤占的假期以及商务旅行等一系列因公司的组织不当带来的问题，都会破坏这一平衡。
- 通过远程工作、弹性工作制以及在公司内推出节省员工时间的服务，比如单位幼儿园、保健站、杂务处理等，公司可以协助员工找到工作-生活的平衡点。
- 公司应该对提高员工的时间管理能力给予高度的关注，并引进管理咨询人员对员工进行培训。这些时间管理培训一定会产生公司和员工双赢的局面。
- 没有周期性的强化和不断的改进，时间管理培训的作用会消失殆尽。只有在实际应用中不断回顾自己在时间管理中的经历，我们才能成为好的时间管理者。换句话说，单单参加一个短短两小时的研讨班很难实现真正的改进。

附录A 有效的实施工具

附录 A：有效的实施工具

本附录将介绍一些帮助你更加有效地管理时间的工具。所有的表格都是根据《哈佛管理培训》改编。(《哈佛管理培训》是哈佛商学院出版社的在线出版物)读者可以在《哈佛商务指南》的网站上下载,网址:www.elearning.hbsp.org/businesstools。

1. **每日活动表(表 A-1)**。用这个表来记录你每天的活动。前三列用来记录实际的时间、活动和所花费的时间。对于每一项活动,要核对相应的分类。

表 A-1　每日活动表

日期

			分类				
时间	活动	所用时间(分钟)	电话	约会计划	临时会议	会议	文字工作

资料来源:《哈佛管理培训》时间管理部分,改编得到了许可。

2. **目标列表(表 A－2)**。利用这张表来确认目标并根据优先程度对目标进行排序。记住:关键目标是能够促成成功的目标。为了使组织运转正常,必须完成这些目标。使能目标能够更好地创造理想的商业环境或是更好地利用商业机遇。最好具备目标能够促进商业提升。它们通常会使活动更加快速、容易和令人愉快。

表 A－2　目标列表

目标	优先权	注释

资料来源:《哈佛管理培训》时间管理部分,改编得到了许可。

3. **进度评价表(表 A－3)**。对计划技术的有效性进行阶段性的评价是十分重要的。这个列表能够使你进行一系列的自我诊断,以帮助你对计划进行改进。至少每天对比一下你的计划和进展。

表 A－3　进度评价表

问题	是	否
你是否完成了本周的任务? 如果没有,制定行动策略:		

续表

问题	是	否
有没有在向目标迈进的过程中取得进步？ 如果没有，可能你计划了太多的行动。回顾一下你的计划然后排除不支持最优目标的计划。 要排除的计划：		
你觉得准备好了么？资源集中起来了么？ 如果没有，制定行动战略：		
如果某些任务没有实施会有什么影响？ 如果有，下次行动的战略：		
你在避免浪费时间么？ 如果没有，请教同事看看他们解决这个问题的方法。 也许一开始的想法并不现实，但是可以修正。 其他解决方案：		
这个计划你可以跟得上么？ 如果不能，制定行动战略：		
你能获得哪些资源（包括同事之间或是管理者的帮助）？		

资料来源：《哈佛管理培训》时间管理部分，改编得到了许可。

附录B 工作分解结构

附录 B：工作分解结构

重大的目标难以直接进行处理。从哪里着手就是一个十分困难的问题。最好的办法是把目标分解成一个个小部分更加容易对付的任务。当你把每一个小部分都完成了，你也就达到了目标。这就是项目经理要做的事情，无论是设计摩天大楼，或是设计新的航天器，还是创造无形的东西比如电子商务网站。

本附录告诉你如何使用工作分解结构（WBS）的概念来实现重大的目标。使用 WBS 并且从最高目标入手，就可以把项目目标分解进而实现目标。从时间管理角度出发，这个方法可以帮助你回答以下关键问题：

- 为了达到目标我必须做什么？
- 需要花费多长时间？
- 需要付出多大代价？

项目经理使用 WBS 可以进行评估，人事设计，进展分析，并且揭示项目的工作范围。你也可以使用这个方法分解复杂的任务，这些任务也可以继续被分解。

为了创建一个 WBS，提出以下问题：要达到目标必须要做什么？不断重复同样的问题，直到目标不能再被分解。参考以下例子：

ABC汽车公司计划引进一种新型乘用车。这是一项巨大的任务。在目标的最高层，员工面临以下四个问题：

1. 决定客户需求。

2. 设计一款符合这些需求的汽车。

3. 制造这款汽车。

4. 检测汽车。

图B－1 工作分解结构

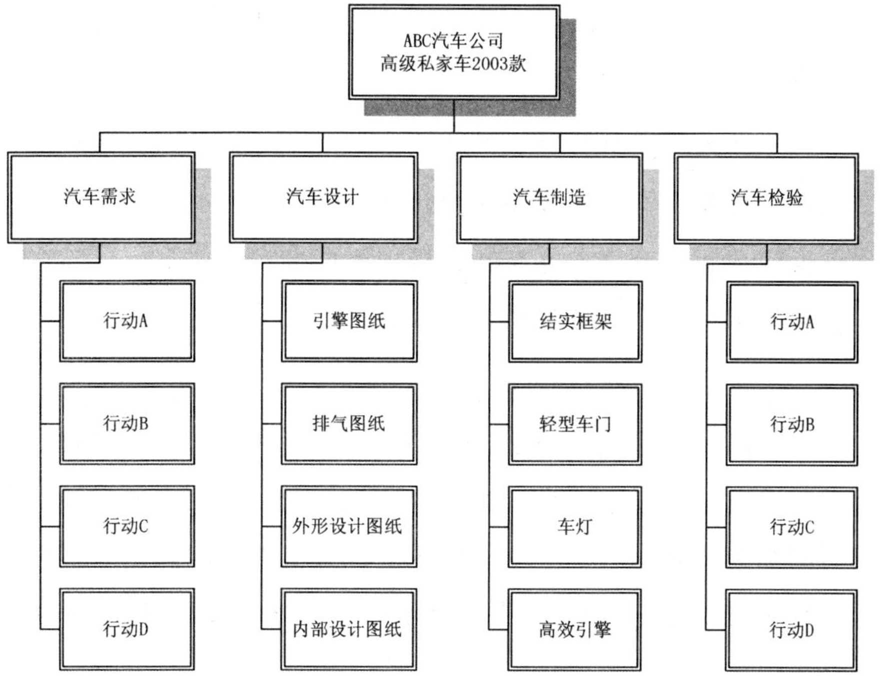

资料来源：《哈佛管理培训》时间管理部分，改编得到了许可。

如图 B－1 所示，每一个最高层目标都可以分解成一些子任务。并且每一个子任务仍然可以被分解。例如，在汽车设计任务下的引擎图纸任务就可以被分解为多个不同子任务，比如传送系统设计和制冷系统设计等。

在这个例子中，项目小组最终会找到不能再进行分解的任务，可能此时任务已经被分解为一周或是一天可以完成的工作量。达到这个阶段，任务分解即告完成。

一般的 WBS 包括三到六个层次的分解。任务越复杂，层次越多。一个规则就是，当细分的任务达到你计划的最少时间，就应该停止任务的细分。因此，如果你想计划到最近的一天，就要把任务细分为以天为单位的工作量。

对任务细分满意后，你必须回答以下问题：

- 完成每一个任务要花多少时间？
- 完成每一个任务的花费大概需要多少？
- 完成每一个任务需要什么技能？

因为本书关注的是时间管理，所以我们来回答第一个问题。

对时间的精确估计有助于计划工作。如果是你熟悉的任务，估计完成时间不会很困难。相反，对于不熟悉的任务，就需要更多的时间和精力来思考。注意估计的过程所花费的时间也要最后计算到整个过程之中，所以要尽可能的实际。粗略地过低估计时间最终也会影响你。下面是估计时间的一些小提示：

- 估计要在经验的基础上，使用平均的预期时间来完成一个任务。你或者同事越熟悉一个任务，你们估计的时间就越精确。

- 一定要记住估计就是估计，不能确保，所以也不要在这个阶段就把它们转变成承诺。
- 将估计的时间适当加长是避免任务实际时间比计划时间超时的最好办法。但是必须要公开进行，并且也要清楚自己在干什么。

你已经掌握了基础的工作分解结构方法。如果想进一步了解，请参考《哈佛商务指南》系列之《项目管理》（*Managing Projects Large and Small*）。

附录C 有效会议的指南

附录 C： 有效会议的指南

在大多数组织的工作中，会议占了很大一部分。因为会议是经常而且重要的，你应该竭尽所能使会议变得高效。

如果对下列要素给予重视，你就能够高效地召开会议，包括会议准备、会议流程以及后续工作。此指南根据《哈佛管理培训》改编。（《哈佛管理培训》是哈佛商学院出版社的在线出版物）

作好准备

你一定经历过没作任何准备就去参加会议，那些会议都解决了什么问题吗？很可能是什么也没有。有时候，会议的目的在一开始并不清楚。还有些时候，那些需要作出决策的人根本没有收到会议邀请。你可以遵循一些常识性的规则以避免这些错误：

- 确定会议是必须的。会议是十分耽误与会者时间的。如果你可以不用开会就达到目标，就不要开会。
- 明确会议的目标。每一个与会者都应该清楚自己为什么在会场？如果会议的目标是制定目标，要确保事先每个人都清楚目标，并且他们有时间以及准备了需要的相关材料。

- 确定适当的与会者。邀请下列与会者：有所贡献者、必须参与者以及能从会议讨论中受益者。
- 事先准备议程。会议议程间接反映了会议的目标。
- 提前试探关键与会者。最好预先知道关键与会者关于重要议程的看法，你所了解的情况可能会导致会议议程的改动。
- 强调与会者的事先准备。这意味着会议的提速。与会者应该带来相应的文件、报告或其他材料，并且作好了讨论和决定的准备。

表 C－1 列出了一个当你策划会议时所需要的列表目录。

表 C－1 会议策划者的清单

（使用这个清单，你可以确保实现有效会议的所有重要步骤。）

你是否已经：	是	否	注释
1. 确定了会议的目的？			
2. 确定了会议的目标？			
3. 选择了与会者以及确定了规则？			
4. 确定了决策制定步骤（例如，小组领导、与会者或是经理）？			
5. 决定会议的地点和时间并进行确认？			
6. 确保会议所可能用到的各种设备正常工作？			
7. 通知与会者时间和地点？			
8. 提供一个初步的会议目的和目标议程？			

9. 将议程发给关键与会者和利益相关者，并让他们提意见？			
10. 确定议程最终版本并分发给所有与会者？			
11. 向与会者分发会议需要的报告或材料？			
12. 核实所有关键与会者都能参加？			
13. 自我准备（比如分发手册、费用等等）？			

资料来源：《哈佛管理培训》时间管理部分，改编得到了许可。

会议期间

良好的准备为第二步提供了坚实的基础。下面是你所应该遵循的：

- **宣布会议的目的**。即使你已经提前明确了会议目的，重复会议目的是一个明智的选择。
- **让每个人都有发言权**。如果一两个人主导了会议，或是有些与会者比较害羞，这时候你就要说："感谢你的这些观点，菲尔（Phil）。夏洛特（Charlotte），关于这个问题你有什么看法呢？"
- **防止会议离题**。会议一旦跑题，就会成为浪费时间的无谓闲谈。
- **以确认和行动实施方案结束会议**。你的会议应该转化成为一些行动。"好吧，我们决定让 Data Whack 公司安装新的服务器。并且，我将会获得订单，比尔会和销售人员联系并制订计划，珍妮特（Janet）会找人处理我们的老机器。"

会议领导者要扮演不同的角色

作为会议领导者,你必须扮演很多角色。按小组的不同氛围,会议领导者通常要扮演以下角色:

- **守门员**。你要确保大家都在遵守会议议程,每人都有发言的机会,没有主导者。如果会议中有一个主导者,这是一件十分头疼的事情。
- **恶魔的鼓吹者**。你要挑战可能并不成熟的舆论。因为人是社会动物,当人们讨论问题的时候,观点很可能会趋同。与大多数人看法不一致违背了人类的天性。当你看到从众现象的发生,那就应该提出一个相反的观点,这样做仅仅是促使人们去检验一下他们的假设和他们试图同意的决心。
- **舆论构造者**。你要聚焦所有成员的共识区域。当大家无法或不能达成共识,舆论的构造将变成必要。
- **拉拉队长**。在需要的时候要给成员以鼓励。每个人都喜欢赞美。
- **活跃气氛的人**。你要缓解紧张氛围并且提醒成员的关系。

如果下次你参加一个运行良好的会议,请观察一下会议领导或主席扮演的一个或更多的角色。

后续工作

会议结束,我们都松了口气:“太好了,会议结束了。”但是如果你是会议领导或者将要承担会议决策的行动方案,会议并没有结束。

会议领导者要快速制定一个备忘录:

发信人:理查德

收信人:IT 项目组

感谢你们对本次会议的贡献。我们已经选择了 Data Whack 公司安装新的服务器。我觉得这是很好的选择,又能使我们距离项目完成更进一步。行动计划的步骤如下:

- 我将会得到一个订货单。
- 比尔同销售人员联系,讨论日程安排。
- 珍妮特会找人处理我们的老机器。

本周把这些事情完成,然后我们就能向下一个任务迈进。

这封确认信鼓励人们向目标又迈进一步,并且提醒了一些与会者共同确定的行动计划。

时间管理

注 释

注释

导言

1. 按照时间划分的人类创新活动的有效描述请参阅 Daniel J. Boorstin, *The Discoverers* (New York: Vintage Books, 1985), 26-46.

2. James Gleick, *Faster: The Acceleration of Just About Everything* (New York: Vintage Books, 2000), 15.

3. George Stalk Jr. and Thomas M. Hout, *Competing Against Time* (New York: The Free Press, 1990), 1.

4. Henry Mintzberg, "The Manager's Job: Folklore and Fact," *Harvard Business Review*, March-April 1990: 164, 169.

第一章

1. 本章的部分内容改编自哈佛商学院在线出版物《哈佛管理培训》(Harvard ManageMentor®)关于目标的模块。

2. George Labovitz and Victor Rosansky, *Alignment* (New York: John Wiley & Sons, Inc, 1997), 4-5.

第 二 章

1. 如需简要了解富兰克林是怎样培养13条美德的，其学说的现代改编版所反映出来的每条美德发展情况如何，请访问“Suggestion for Living Better from the Life of Benjamin Franklin,” by John R. Fisher，＜www.fisherhouse.com/books/virtues.PDF＞（accessed 16 June 2004）.

第 四 章

1. William Oncken Jr. and Donald Wass，“Management Tme：Who's Got the Monkey?” *Harvard Business Review*，November-December 1999.

2. David Ferris and Ben Gross，“The Time Overhead of Email，” Report ＃398，Ferris Research，San Francisco，CA，December 2003，16.

3. 参见 Melissa Raffoni，“How to Be Sure You're Spending Your Time in the Right Places，” *Harvard Management Update*，October 2001，8.

第 五 章

1. 本章改编自哈佛商学院在线出版物《哈佛管理培训》委派模块中的相关材料。

第 六 章

1. John J. Gabarro and John P. Kotter, "Managing Your Boss," *Harvard Business Review*, May-June 1993, 157.

第 七 章

1. Juliet Schor, *The Overworked American* (New York: Basic Books, 1998),12.

2. Rhona Rapaport and Lotte Bailyn, "Relinking Life and Work," The Ford Foundation, <www. fordfound. org> (accessed 13 April 2004).

第 八 章

1. Eric C. Fleming, "what Next for WebEx," *Barron's*, 15 June 2004.

2. Edward R. Tufte, "PowerPoint Is Evil," *Wired*, Issue 11. 09, September 2003, <www. wired. com/wired/archive/11. 09/ppt2. html> (accessed 18 May 2004).

3. Stewart D. Friedman, Perry Christensen, and Jessica DeGroot, "Work and life: The End of the Zero Sum Game," *Harvard Business Review* 76, no. 6 (November-December 1998): 119-129.

4. 参见 ITAC（国际远程工作协会委员会）的网站 ＜www. telecommute. org＞，了解它对远程工作的定义和研究结果。

5. 参见 AT&T 公司对远程工作的研究 ＜www. att. com/telework＞，该网站除了提供有关远程工作研究的文章之外，还提供了实施远程工作项目和政策的“初始性”指导。

6. Mahlon Apgar Ⅳ，“The Alternative Workplace：Changing Where and How People Work，” *Harvard Business Review* 76，no. 3（May-June 1998）：121-136.

7. 参见 ＜www. deloitte. com /more/women/wiar/movie. html＞.

时间管理

术 语 表

术语表

活动日志(ACTIVITY LOG)

一个关于工作日的每一刻是如何度过的精确记录。为了达到时间管理的目的,一个活动日志应该至少包括连续三天的记录。

瓶颈上司(BOTTLENECK BOSS)

工作流程中的一个积压点,即让工作迟缓的主管。瓶颈上司会浪费其他公司职员的时间,因为他们必须等待他才能完成自己的任务。

关键目标(CRITICAL GOALS)

那些你要想成功就必须完成的目标。要保障你的公司顺利的运行下去,必须很好地完成它们。

委派(DELEGATION)

一个具体的工作或项目由某个人托付给另一个,而受托人必须承诺完成这项工作或项目。委托不只意味着把工作交付给另一个人,而且要求受托人有义务按照既定的标准去完成这项工作。

使能目标(ENABLING GOALS)

能够创造更理想的商业环境或者更好地利用商业机遇的目标。它们对于长远的需求来说很重要,而不适合即时的需求。某种意义上说,它们促进了关键目标的实现。

目标设定(GOAL SETTING)

一项程序,来定义说明哪些结果是值得完成的。

最好具备目标(NICE-TO-HAVE GOALS)

能够促进业务提升的目标。它们常常可以使工作变得更快,更轻松,更舒适。

拖延(PROCRASTINATION)

延缓或者推迟处理现在应该完成的事情的不良习惯。

转换成本(SWITCHING COST)

在中断或者分心之后,在回复到工作状态之前,人们用于回顾他们刚才所做的工作所浪费的时间。

时间管理(TIME MANAGEMENT)

对有限的时间资源进行控制和分配的一种有意识的尝试。

工作分解结构(WORK BREAKDOWN STRUCTURE,WBS)

项目经理用来估计、分配人员、跟踪进展和展示工作项目范围的工具。这个工具可以把复杂的任务细分为很多更小的任务,也可以依次把这些更小的任务再进一步的细分下去。

时间管理

扩展阅读

扩展阅读

著 作

戴维·艾伦(Allen, David):《尽管去做:无压力工作的艺术》(*Getting Things Done: The Art of Stress-Free Productivity*),纽约,培生教育出版集团,2003年平装版。艾伦的假设前提是个人的生产率和本人减压的能力成正比。一个清晰的无压力的大脑是个人生产率的起点。这本书的一个亮点就是它提供了一个用来处理那些每天都会遇到的繁杂事务和信息的流程图。

斯蒂芬·R. 科维(Covey, Stephen R.):《要事第一》(*First Things First*),纽约,自由出版社,1996年平装版。这本书是他和罗杰(Roger)以及丽贝卡·梅里尔(Rebecca Merrill)一起合写的,受启发于他的成名作《高效能人士的七个习惯》(*The Seven Habits of Highly Effective People*)。《高效能人士的七个习惯》中的第三个习惯——"要事第一"是关于时间管理的。这本书就继续阐述了科维关于此习惯的思考,他把人们的工作事项划分为以下四个范畴:

1. 重要而紧急的。这是指那些危机事件和截止日期驱动事项。

2. 重要但非紧急的。这些就是管理生活所必须做的：准备、预防、计划和人员管理。
3. 紧急但是并不重要的。很多人每天无意识中做的工作都属于这个范畴。
4. 既不紧急也不重要的。这个范围包括了那些不可救药的时间浪费者。

这本书提供了一整套的方法来管理作者所描述的人类的四个需求和才能：生存、爱、学习和生育。在这种意义上，它激励人们去设立一个目标、权衡工作和家庭的地位、建立社会关系，并且专注于与此有关的事情。有些读者倾向于认为这一整套方法过于严格苛刻。

吉姆·罗尔 & 托尼·施瓦兹(Loehr, Jim and Tony Schwartz)：《全神贯注的力量》(*The Power of Full Engagement*)，纽约，自由出版社，2003 年。对于这些作者来说，精力而非时间是促成优异表现的基本要素。这使得这本书与其他的传统时间管理模式有很大的不同，但不失为一本很有用的著作。

作者阐述了四种关键的精力来源：精神、智力、情感和身体的。在如何处理这些资源上，他规劝读者，通过阶段性的能量补充——休息、专注、冥想等来平衡能量支出，就像经过专门训练的运动员做的那样。作者也描述了一些方法来增长个人的精力和能量，以便使得个人可以在相同的时间段内做得更多。

这本有趣的书里的很多观念可以在他们的一篇论文“企业运动员的培养”里找到，该文发表在 2001 年的《哈佛商业评论》上。本文稍后(文章介绍部分)另有记述。

艾力克·麦肯齐(Mackenzie, Alec):《时间陷阱》(*The Time Trap*)第三版,纽约,爱默康(AMACOM)出版公司,1997年。作为时间管理的开山之作,麦肯齐提出的处理方式是传统的——但仍然有效。好奇的读者可以参考该书的第二部分:"20个最浪费时间的习惯以及如何改善它们"。

丽贝卡·莫尔 &A. 罗杰(Merrill, Rebecca and A. Roger):《生活命题:创造工作、家庭、时间和金钱之间的动态平衡》(*Life Matters: Creating a Dynamic Balance of Work, Family Time & Money*),纽约,麦格劳·希尔出版社,2003年。本书作者借鉴斯蒂芬·科维在时间和生活管理方面的著作以及他关于日常行为管理的四分模式,为个人在生活诸多必要事项之间取得协调提供了一个指南。作者讨论了如何把家庭事务整合为目标设定,以及培养个人的内在意识使得他可以日复一日地照此生活。他们讨论了:

- 人们所期望的生活和实际生活之间的差异
- 怎样实现资源与目标和准则的协调
- 让工作和个人生活融为一体。

玛丽·芒特(Munter, Mary):《管理沟通指南》(*Guide to Managerial Communication*),第六版,新泽西,Upper Saddle River,培生出版公司,2004年。该书指出,很多的时间被经理和员工们浪费在制作不必要的精美幻灯片上。该书中一节阐述了演示形象的设计和使用,并强调了简单性和有效性。如果你偏爱使用清晰的模型来展示定性和定量的信息,芒特在演示形象辅助方面的文章就很值得一读。

休·斯派尔曼 & 丽兹·文菲德(Speilman, Sue, and Liz Winfeld):

《网络会议》(*The Web Conferencing Book*),纽约,爱默康出版公司,2003 年。网络会议是相对传统商务旅行的更节省成本和时间的替代品。各个公司正在学习如何使用这个工具来开展会议、展示产品、培训,以及进行公司性的交流对话和协调工作。这本书很实用地介绍了如何使用网络会议工具,以及相关的技术事项如员工培训、设备和软件等。

文　　章

罗纳德·N. 阿什克纳斯 & 罗伯特·H. 沙佛(Ashkenas, Ronald N. and Robert H. Schaffer):"经理可以避免时间浪费"(Managers Can Avoid Wasting Time),《哈佛商业评论》1982 年 5—6 月。虽然经理们的职责是提高总体生产率,但是他们也要定期地关注一下自身的工作效率。本文作者认为,低效率管理是非常严重的问题,大多数症状表现为:马拉松式的会议、不必要的电话以及一些本来可以交给下属去完成的工作。这些症状揭示了一个隐藏的问题:经理们由于处理创新性问题而产生的焦虑。作者们发现经理人的三个必备素质——组织日常行为、在压力下提升业绩以及提高下属的生产率——导致了如此多的焦虑,以至于这些经理人都无法完成他们业已知道如何去做的常规事务。作者们描述了管理环境是如何使得经理人变得没有工作效率的,并且指出了一条可以帮助他们跳出这些时间管理陷阱的道路。

海克·布鲁奇 & 苏曼特拉·戈夏尔(Bruch, Heike, and Sumantra Ghoshal):"警惕繁忙的经理人"(Beware the Busy Manager),《哈

佛商业评论》2002年2月。经理人都会告诉你他们最缺少的就是时间。如果你仔细地观察，就会发现他们在不间断的会议之间来回奔波、经常性地检查他们的电子信箱、时刻提防被解雇的危险——不断的快节奏行动使得他们没有任何时间进行思考。他们觉得自己是在做重要的事情，其实都是瞎忙活而已。

本文作者布鲁奇和戈夏尔针对繁忙的经理人的行为进行了超过10年的研究，得到了惊人的发现：90％的经理人都把时间浪费在各种形式的无效行为上。

作者论述说，有效的行为基于两个显著特性的结合：专注——能够集中精力于目标并且一直专心工作直到完成它——和精力：源自强烈的个人承诺的活力。缺乏精力的专注会导致倦怠的工作和逐渐衰竭的热情；而另一方面，没有焦点的精力会变成无目的无功效的忙碌。通过一个“2×2”的矩阵模式，作者论述了这两个特性，并且由此构造了一个可以用来推定不同经理人的工作效率的框架。这篇文章可以帮助你认清自己应该在什么时候使用他们的专注——精力矩阵。

吉姆·罗尔 & 托尼·施瓦茨(Loehr，Jim and Tony Schwartz)：“企业运动员的培养”(The Making of a Corporate Athele)，《哈佛商业评论》，2001年1月，第120－128页。管理理论家们长期以来一直在尝试认清究竟是什么让一些人在压力下取得更加丰硕的成果，而另一些人却失败了。他们只得到了部分答案：丰厚的物质奖励、健全的文化和有针对性的管理。大多数的研究存在这样的问题，他们研究局限于人的思维方面，把优异的表现和认知的才能联系在一起。作者说，要研究稳定的优异表现就必须把人看作一个整体。主管人员实际上就是“企业运动员”。如果他们要长期地保持在高水平的工作状态，就必须像运动员那样进行系统的多层次训练。

基于作者和世界级运动员长达20年的合作经历，这套绩效管理的理论通过一个作者称之为绩效金字塔的模式阐述了身体、感情、智力和精神四个方面。金字塔的最底层便是健康的身体。向上依次是健康的情感、敏锐的才智和坚毅的精神。这四者相互影响，而且只有统一结合时才能保证良好的绩效。比如，严格的训练可以培养良好的感情状态，开辟通向巅峰状态的道路。良好的习惯可以促进能量支出和恢复之间转换的合拍，它与金字塔的各个层面都有关联，可以带来理想的绩效表现。作者还提供了一些案例，讲述那些主管人员们通过这一模式学习提高了职业能力、改善了个人的生活质量。

威廉姆·昂肯 Jr. 和唐纳德·L. 沃斯（Oncken William Jr. and Donald L. Wass）："谁背上了猴子"（Who's Got the Monkey?），《哈佛商业评论》，1999年11—12月。是否发现不能够合理分配使用你的时间和精力？如果是，一定要读一读这篇原发表于1974年的经典文章的修订版。这篇文章具有永恒的价值。

很多经理人感觉不堪重负。他们背负着太多的问题——太多的猴子。他们经常发现自己的时间不够用，而下属们却无事可干。作者讲述了一个引人入胜的故事：一个不堪重负的经理人在无意识的情况下，干了本属于他的下属的全部工作。斯蒂芬·科维对此作了专门的评论修订。

康斯坦丁·冯·霍夫曼（von Hoffman，Constantine）："管理自己"（Getting Organized），《哈佛管理前沿》，1998年1月。是否很难从身边的一团混乱中杀出一条路来？需要"堆管理"的帮助？如果对此两个问题，你有一个回答是"是"，那么相信这篇简短的文章可以帮助你。

虽然并没有一个管理自己时间的最好办法，但冯·霍夫曼还是提供了一些针对混乱持久有效的方法。通过整理工作空间、制定与其他人合拍的日程表、根据优先程度排列任务清单、把需要的物品放在伸手可及的地方，你就可以节省出以往为寻找物品而浪费掉的每年达数百个小时的时间。

顾问简介

顾问简介

迈克尔·罗伯特是哈佛商学院综合管理团队的教师。罗伯特教授的研究集中于战略决策方法和高级管理团队方面。基于自己的研究，罗伯特教授已经在《哈佛商业评论》、《加利福尼亚管理评论》(*California Management Review*)、《毅伟商业期刊》(*Ivey Business Journal*)和《领导力季刊》(*The Leadership Quarterly*)发表了多篇文章。他的研究详细考察了经理人在确保能够有效地实施决策的同时，如何及时而且有效地进行战略决策。

在过去的几年中，罗伯特教授在多家企业，包括家得宝公司(Home Depot)、玛氏(Mars)、诺华公司(Norvartis)、世界银行(World Bank)和泰利斯公司(Thales)等讲授领导力发展计划。他也为多家机构，如洛克希德·马丁公司(Lockheed Martin)、企业执行委员会(Corporate Executive Board)以及摩根服务公司(Morgan Services)等提供咨询。

罗伯特教授于1991年在哈佛学院(Harvard College)获得荣誉文学学士学位。1995年，他以优异的成绩获得哈佛商学院工商管理硕士学位，并以乔治·F.贝克学者(George F. Baker Scholar)身份毕业。2000年他在哈佛商学院获得工商管理博士学位。

时间管理

作者简介

作者简介

理查德·卢克(Richard Luecke)是《哈佛商务指南》系列丛书的作者之一。卢克先生生活在马萨诸塞州塞伦市(Salem),创作和发表了涵盖商业学科众多领域的40多本书和多篇论文。卢克先生拥有圣托马斯大学(University of St. Thomas)工商管理硕士学位。他的电子邮箱是 richard.luecke@verizon.net。